艺术人生系列

Leonardo da Vinci
达·芬奇

〔意大利〕恩里卡·克里斯皮诺 著
田丽娟 张惠 邢延娟 译

译林出版社

目　录

◀ **自画像**（1515后）
都灵，皇家图书馆

少年时光

1452年4月15日，夜幕降临时，在地处佛罗伦萨与皮斯托亚之间、四周环绕着托斯卡纳座座青山的意大利乡间小镇芬奇镇，一个女人即将分娩。她叫卡泰丽娜，但她并没有结婚。孩子的父亲叫瑟·皮耶罗·达·芬奇，25岁，承袭家族衣钵，是一位职业公证人。其家族是本镇最古老而显赫的职业公证人家族之一，在小镇及周边拥有数量可观的田产。按照当时的时间计算方法，夜晚从日落开始计算。正是在这个周六傍晚的第三个钟头——也就是晚7点后再过3小时——卡泰丽娜在安敕阿诺村庄里的一栋房子里产下儿子达·芬奇。按照现在的时间计算方法，正是这一天晚上的10点钟，达·芬奇来到了这个世界。这一时刻被婴儿的爷爷瑟·安东尼奥·达·芬奇精确地记录下来："儿子瑟·皮耶罗为我添了孙子，在4月15日，是个周六晚上的第三个钟头。孩子起名为列奥纳多·达·芬奇。为他洗礼的人有牧师皮耶罗·迪·巴托洛梅奥·达·芬奇、帕皮诺·迪·南尼·班蒂、梅奥·迪·托尼诺、皮耶罗·迪·马尔文、南尼·迪·文佐、阿里戈·迪·乔凡尼·特德斯奇、蒙娜·丽莎·迪·多梅尼科·迪·布雷托尼、蒙娜·安东尼·迪·朱利亚诺、蒙娜·尼科洛索·德尔·巴尔纳、蒙娜·玛利亚、南尼·迪·文佐的女儿蒙娜·皮帕·迪·普雷维科内。"

洗礼仪式阵容强大，5位教父及5位教母都身份显赫，这足以说明当时未婚生子不是什么问题。试想一下，罗马教皇亚历山大六世都有几个私生子女——恺撒及鲁克雷齐娅·博尔吉亚就是他的孩子——他甚至都没把这当作秘密。尽管其父母并未成婚，获得"大团圆"的结局，但是婴儿达·芬奇就这样被父亲瑟·皮耶罗坦然接受，并被接至父亲家中抚养，在那儿度过了他

达·芬奇故居
佛罗伦萨，芬奇镇安敕阿诺村

的儿童及少年时代。

究其原因，可能是因为卡泰丽娜来自社会底层，也许只是达·芬奇家族的一个仆人。她后来被打发走人，却并没有泪流满襟，因为她很快就嫁作人妇，与安东尼奥·迪·皮耶罗·布蒂·德尔瓦卡结婚，并生养了5个子女。或许也可以说这是一个完美的结局，因为卡泰丽娜的丈夫在圣·皮耶尔·马尔蒂雷修道院的熔炉处工作，而此熔炉恰好为达·芬奇的父亲及叔叔弗朗西斯科所掌管。

同样，瑟·皮耶罗在有了自己的第一个儿子后，也决定组建一个体面的家庭，迎娶了来自佛罗伦萨富裕家族的16岁女孩阿碧拉·德加丽·阿马杜。但是这位年轻的妻子却在1464年死于难产。之后瑟·皮耶罗又续娶了弗朗西斯卡·迪·瑟·朱利亚诺·兰弗雷迪尼，但第二位妻子也在1473年去世，没有留下子嗣。事情在他的第三段婚姻里发生了转机，他与玛格丽塔·迪·弗朗西斯科·迪·雅格布育有6个孩子，而在1485年他与自己的最后一位新娘鲁克雷齐娅·迪·古列尔莫·科尔蒂贾尼结

达・芬奇画像
乔治・瓦萨里
《意大利艺苑名人传》，1568 版本

婚后又生育了 7 个孩子。

由此达・芬奇有了 13 位同父异母的弟弟妹妹和几位继母，他似乎与继母们都能和谐相处，这一点在他对父亲的最后一位妻子的称呼上可见一斑。达・芬奇在年过 50 岁时曾称其为“我深爱的母亲”。然而在达・芬奇的作品中，他几乎从未描写过那段在芬奇镇度过的时光，也没有提及过他的家人。这位少年天才于 1468 年随家人迁居佛罗伦萨，进入韦罗基奥的画室学习，在此之前的生活细节及早期教育情况都无从考证。

芬奇镇风光

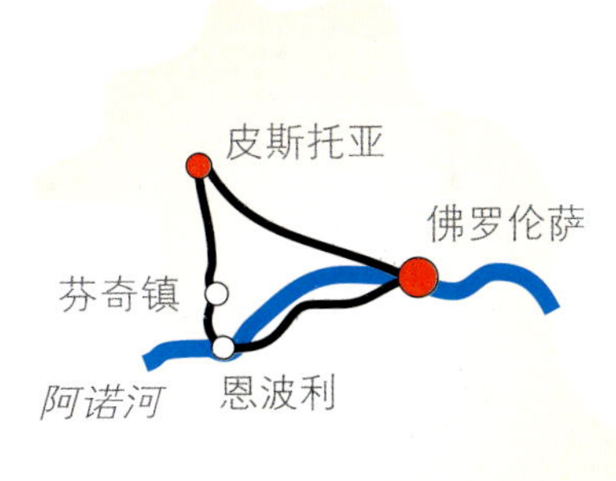

机器设计图
《马德里手稿 I，8937》
（4 页，右页）

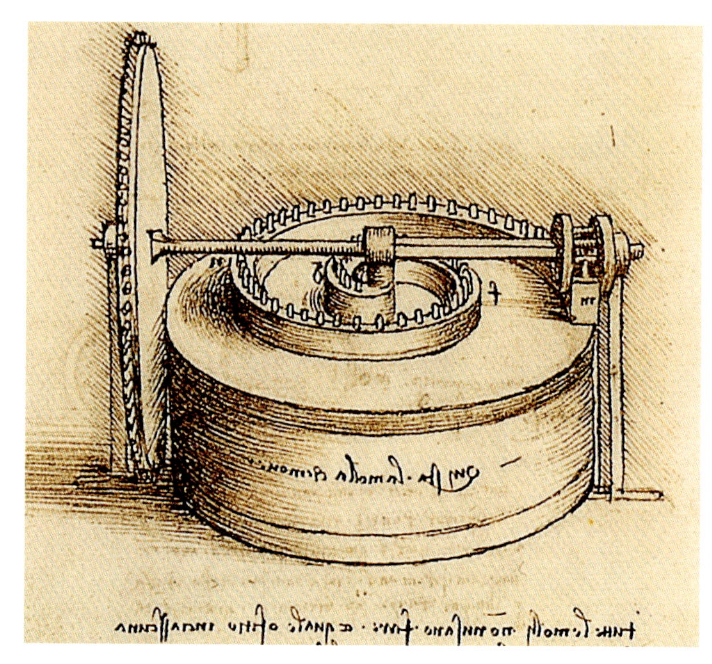

但是达·芬奇本人在作品中曾提及过一点：他曾抱怨自己是一个“没有文采之人”，希腊语与拉丁语知识欠缺。在当时若想进入官方文化世界，掌握这两种语言不可或缺。长大成人之后，达·芬奇努力地弥补自己这一教育上的不足。无论如何，他是第一批持有以下观点的人：实际经验优于理论水平，践习修养优于书本学习。他拒绝权威，拒绝把权威与古典文化的名人相互牵扯这一规则。达·芬奇总是对学术教导表现出一种争议感，伴随着的是一种对自我探究、自学成才的自豪感。他的这种态度可能源于他在芬奇小镇度过的少年时光，在那里他与大自然和乡村世界亲密接触，而他的家族本身就拥有农场，一个磨坊（他叔叔弗朗西斯科拥有所有权）和一个冶炼金属的熔炉（他的父亲瑟·皮耶罗拥有所有权）。后者是接触陶艺的理想场所，而我们有理由相信陶艺一直以来都可能是这位兼收并蓄的艺术家的另一兴趣之所在。然而

根据达·芬奇的研究而制作的旋转式起重机模型（1987）
佛罗伦萨，科学史博物馆

圭迪伯爵城堡里的达·芬奇博物馆
城堡前的雕像名为
《芬奇的男人》（马里奥·切罗利，1987）

在芬奇小镇的时光不仅仅让达·芬奇学会了细致地观察大自然和热爱大自然，也引发了他思考以下问题：在把概念转化为具体现实的过程中,经验与实践到底扮演了什么角色？事实上，在乍一看来似乎是与世隔绝、全无任何文化因子的乡村小镇，却可能当时与外部世界的接触已经非常活跃。达·芬奇的父亲常常因为公务往返于小镇与佛罗伦萨之间，而当时佛罗伦萨地位显赫的家族与机构也会与芬奇小镇有商业往来。这些事实都表明佛罗伦萨、恩波利、比萨、皮斯托亚等城市即使在当时也不算遥远。除此之外，小镇并不是坐落于默默无名之地，而达·芬奇所生活的年代同样也不是寂寂无闻之时。事实上，15世纪的托斯卡纳地区正是当时的文化最前沿地带，后来名垂青史，而这一时代则被称为意大利文艺复兴时代。其中托斯卡纳地区的佛罗伦萨雄踞于已知世界之中心，是酝酿理想与新成就的摇篮之地。这一新景象的辐射力当然会波及芬奇小镇，影响当地的艺术趋势。矗立于圣十字教堂的抹大拉雕像可以验证这一点。很明显这尊雕像受到了多那太罗的影响。但正如前文所提，有关达·芬奇在家乡小镇的早年生活我们知之甚少，甚至可以说是一无所知，而有关这位艺术家的各种古老传记对此也没有多大帮助，何况传记本身也不总是靠得住的。第一本有关达·芬奇的传记出自一个被称作亚诺尼莫·卡迪亚诺的人之手。达·芬奇死于1519年，而在1540年前后，也就是在达·芬奇去世刚刚满20年之际，这位不知名的佛罗伦萨人撰写了几位雕塑家及画家的传记。

另外一本就是由乔治·瓦萨里撰写的《意大利艺苑名人传》，其第一版本出版于1550年。在描述达·芬奇的生活时，瓦萨里参考了亚诺尼莫·卡迪亚诺的说法，在谈及这位艺术家在芬奇镇的早期教育时，他的表述非常模糊："瑟·皮耶罗·达·芬奇的儿子达·芬奇确实非凡而令人惊叹，如果不是那么莫测多变的话，他早期的文学研究应该早就有突破性进展了。他投身学习很多东西，但开始不久又会放弃。例如，在学习计算法的几个月里，他获得了长足的进步，因此不断地向老师提出质疑并与老师探讨难点，但通常老师也会被他的问题难住。有那么一段时间，他转而学习音乐，很快却又决定学七弦竖琴。似乎是上天赋予了他高雅的气质，他弹奏七弦竖琴时会即兴伴唱，声音宛若天籁。尽管他对诸多不同事务都仅仅怀有一时的兴趣，但有两件事却从未放弃，一件是作画，另一件则是浮雕。这两件事比其他任何事情都更吸引他。"

达·芬奇在进入佛罗伦萨韦罗

达·芬奇的"汽车"模型

佛罗伦萨，芬奇镇，达·芬奇博物馆

达·芬奇博物馆的一间展室

佛罗伦萨，芬奇镇

阿诺河风光（1473）
佛罗伦萨，乌菲齐美术馆，素描和版画展室

基奥画室之前就已经画得很好（这一点读者会看到）了吗？如果是这样，那他是自学的吗？还是有老师指导？目前为止我们还无法找到这些问题的答案。由于缺乏有关他在1473年之前活动的文字，弥漫于他早年学徒生活的迷雾变得更为扑朔迷离。现在陈列于佛罗伦萨乌菲齐美术馆（Uffizi）的一幅风景画上面所标注的时间是1473年，也就是说达·芬奇是在师从佛罗伦萨老师几年之后完成了这幅画作，而这幅画作迄今为止仍是已知的出自他手的第一幅画作。

圭迪伯爵城堡的城墙
芬奇镇
* 堡垒上是切罗利的雕像作品。

在芬奇追随达·芬奇的足迹

时至今日，所有达·芬奇的已知作品中没有一件仍留存于他出生的这座小镇。芬奇镇试图填补这一空白，于是它为这位最为声名远播的市民建造了一座著名的博物馆，以此来充分而明确地赞美和纪念达·芬奇这位发明家、艺术巨匠和工程师。达·芬奇博物馆始建于1953年（适逢艺术家诞辰500周年之际），选址于中世纪的圭迪伯爵城堡。自2004年起，博物馆扩建，将乌齐耶利大厦纳入其中。2006年，米莫·帕拉迪诺在博物馆的正前方设计了透视布景广场。博物馆展示了大量基于达·芬奇本人手稿上的设计图而设计制作的机器。继IBM公司捐献了第一批模型之后，多年以来不断有新的模型加入其中，其中包括由IBM公司所赞助的那次重大的“达·芬奇实验室”巡回展览（1983—1986）中的展品，与此同时其他展品也在持续地更新与投入。城堡前方的广场上矗立着一个了不起的木质雕塑，被命名为《芬奇的男人》(*L'uomo di Vinci*)。它是由马里奥·切罗利于1987年创作完成的，用实物再现了达·芬奇的另一个著名的研究，即众所周知的《维特鲁威人》，这一作品被认为是这位兼收并蓄的天才具有象征意义的画作。向天才达·芬奇致敬的另一作品是最近（2001）放置于自由广场上的一尊雕塑，与尼娜·阿库穆1997年所创作的青铜马比肩而立，作为达·芬奇为米兰公爵弗朗西斯科·斯福尔扎所设计的骑马纪念碑工程的化身而出现。除了这座尤为重要的达·芬奇博物馆及上述雕塑作品之外，如果

芬奇镇印章（14世纪）
佛罗伦萨，巴杰罗国立美术馆

想向这位卓越的芬奇市民致敬，还有一些地方也是不可错过的必游之地。排在第一位的就是达·芬奇图书馆。这是一个现代化的中心，完整记录和系统研究了这位文艺复兴时期高深莫测的艺术家。尽管这座图书馆在19世纪末期已经建成，却在1928年才向公众开放，馆内收藏了完整的达·芬奇手稿，所有手稿都以摹本形式收藏于此。除此之外，还收藏了世界各地向艺术家本人、向这位卓越的艺术家的思想、向他所处的时代致敬的所有出版物。

1993年，达·芬奇理想博物馆举行了落成典礼。

除了各种与芬奇镇历史和地域相关的文档和证据之外，还有海量的各式材料来自在意大利国内或国外举行的有关达·芬奇的各种展览，大量有关这位伟人的命运及其在有生之年的创作的记录也不断涌入，随之而来的还有很多艺术家表示“敬意”或者“保留看法”的文件，其中也包括当代艺术家的类似文件。

最后，距芬奇镇3公里远的安软阿诺村里，有一幢房屋被公认为达·芬奇的出生地。这幢房屋自1952年向游客开放，1986年其结构被“重做改造”。尽管当时的家具没有一件被留下来，但其周边柔美的风景却与当初达·芬奇眼中所看到的景色毫无二致。因此，由这位大师描绘的托斯卡纳乡村风光及瓦尔达诺地图的复制品在此展示。

维特鲁威人

依据维特鲁威人的形体

对人体比例的研究（约1490）

威尼斯，美术学院画廊

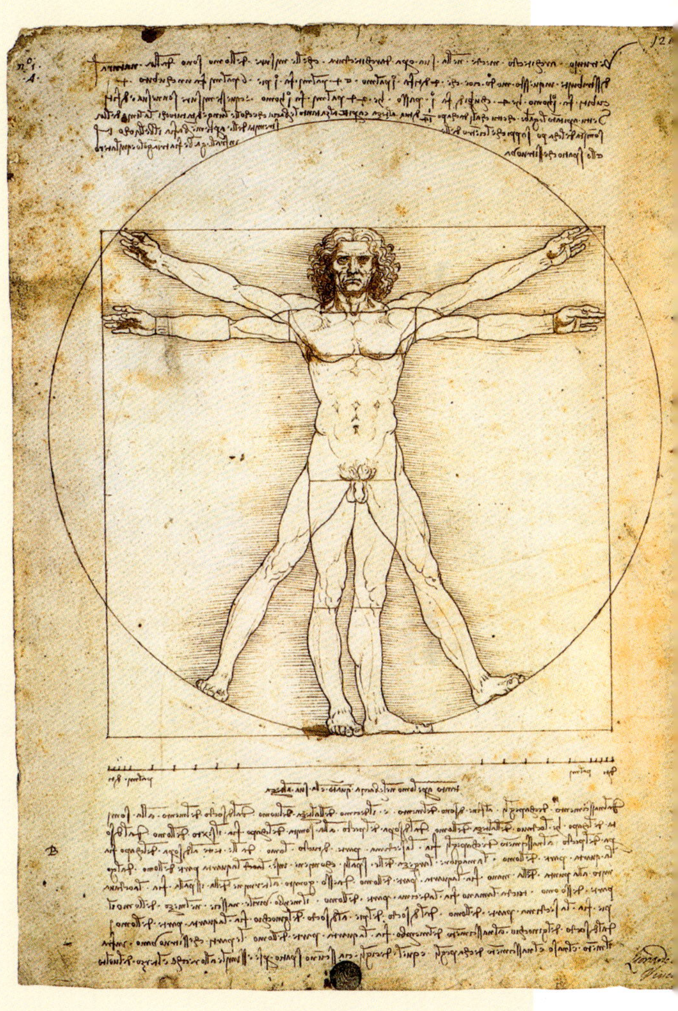

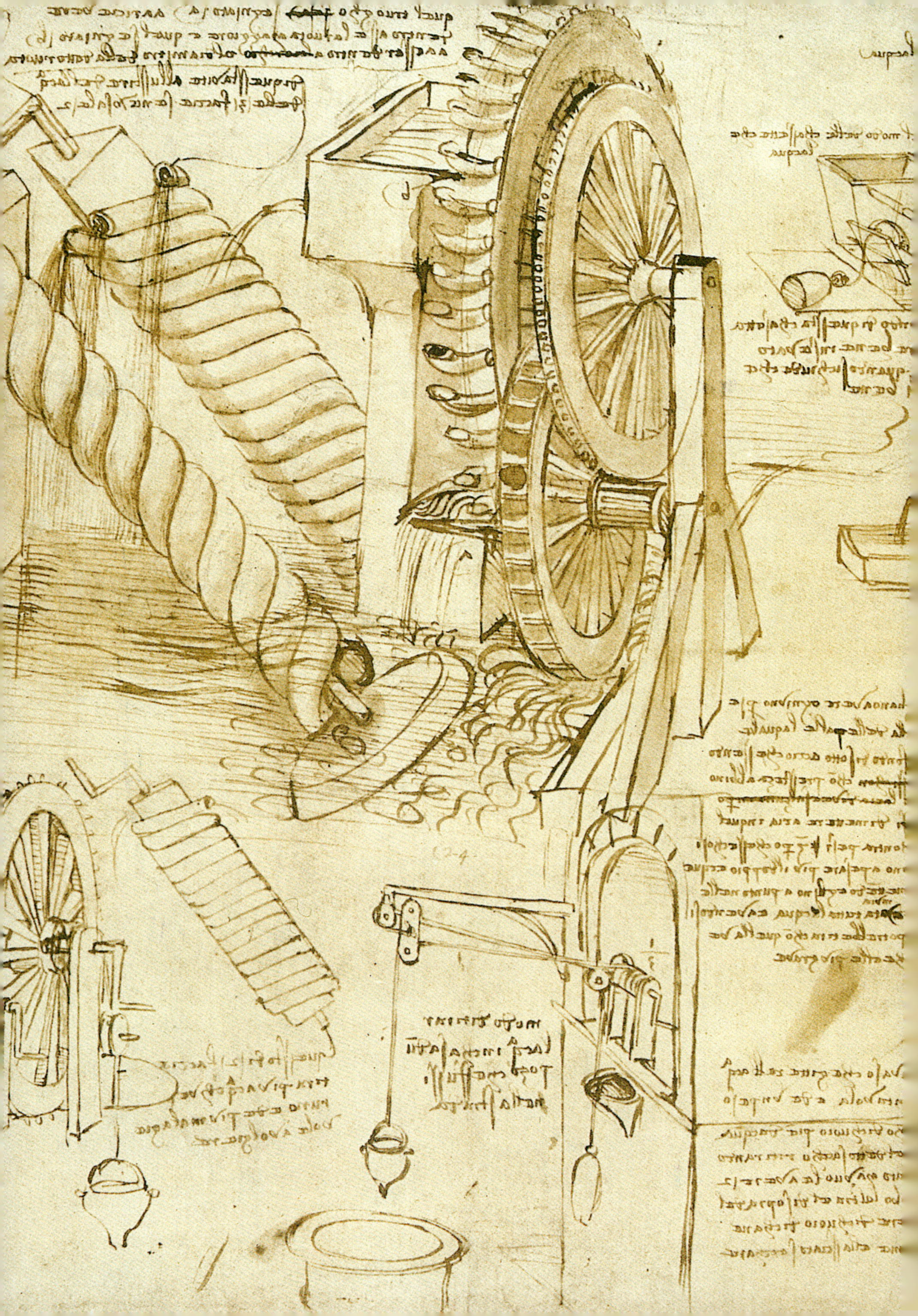

◀ **阿基米德式螺旋抽水机**（约 1480）
《大西洋手稿》（26 页，左页，细节图）

手稿散落的历史

达·芬奇的手稿数量庞大，1517 年曾被安东尼奥·德·贝提斯用“浩如烟海”来形容。1519 年达·芬奇去世后，其所有手稿全部由弗朗西斯科·梅尔兹继承。弗朗西斯科·梅尔兹是达·芬奇的学生，他把这些手稿从安布瓦斯带回意大利，放在他位于阿达河畔瓦普里奥的别墅里，一直保存至 1570 年。但他的儿子奥拉齐奥对这份遗产毫无兴趣，于是达·芬奇手稿四散流落的历史就这样开启了，与此一同开启的还有其被盗、丢失及不经意间被重新发现的历史。目前，只有原来五分之一的手稿被保存下来。第一次失窃发生于 1585 年，地点就在梅尔兹的家里，有 13 本手稿被盗，窃贼是一个“无可置疑”的人，名字叫加瓦尔·迪·阿索拉。3 年后又发生了一起“不当占用”事件，主角是教士安布洛乔·玛赞塔及其兄弟圭多·玛赞塔。

后来当玛赞塔兄弟把 7 本拿走的手稿归还给奥拉齐奥·梅尔兹后，后者又于 1590 年在马德里将其卖给了莫皮奥·列奥尼，一位马德里的宫廷雕塑家，也是达·芬奇的狂热崇拜者。这批手稿中的一部分被加莱亚佐·阿尔科纳蒂伯爵购买，并在 1637 年将其捐献给米兰的安布罗西亚纳图书馆，由此它们又回归意大利，这其中就包括《大西洋手稿》，剩余的则被阿伦德尔勋爵带到英国。1795 年，拿破仑把米兰安布罗西亚纳图书馆的手稿带到巴黎。19 世纪中叶，“古列尔莫·利布里事件”把故事推向一个新拐点。古列尔莫·利布里是法国图书馆系统的一位高官，他设法从珍藏于巴黎的达·芬奇手稿中拿走了几页，卖给了英国的阿什伯纳姆勋爵。

《哈默手稿》最终留在了美国。它并不在梅尔兹所继承的遗产中，因为它第一个为人所知的主人是雕

手稿完成时间顺序列表

*《阿伦德尔手稿》:	1478—1518
*《温莎手稿》:	1478—1518
*《大西洋手稿》:	1478—1518
《手稿B》:	1487—1490
《提福兹欧手稿》:	1487—1490
《福斯特手稿I》:	1487—1490及1505
（分别为第二部分和第一部分的时间）	
《手稿C》:	1490—1491
《手稿A》:	1490—1492
《马德里手稿I，8937》:	1490—1499及1508
《马德里手稿II，8936》:	1491—1493 及1503—1505
（分别为第二部分和第一部分的时间）	
《手稿H》:	1493—1494
《福斯特手稿III》:	1493—1496
《福斯特手稿II》:	1495及约1497
（分别为第二部分和第一部分的时间）	
《手稿M》:	1495—1500
《手稿I》:	1497及1499
（分别为第二部分和第一部分的时间）	
《手稿L》:	1497—1502及1504
《手稿K》:	1503—1505 及1506—1507
（分别为第二部分和第一部分的时间）	
《鸟类飞行手稿》:	1505
《哈默手稿》:	1506—1508及1510
《手稿F》:	1508
《手稿D》:	1508—1509
《手稿G》:	1501—1511及1515
《手稿E》:	1513—1514

*最初的手稿页被发现时零碎庞杂，达·芬奇没把它们整理成册，所以从严格意义上讲，它们不能算是书籍初稿。因此，这些五花八门的资料就用星号标注，实际上这个时间段是以已知的达·芬奇开始写他此生第一页手稿的时间为起点，以其完成此生最后一页手稿的时间为终点的，而不是严格意义上的该手稿被完成的时间。

塑家古列尔莫·德拉·波尔塔，当时是1537年。18世纪它辗转到了莱斯特伯爵手里，1980年又在拍卖会上由美国的石油大亨阿曼德·哈默购得，1994年被再次拍卖，目前由美国另一著名企业家比尔·盖茨收藏。

《大西洋手稿》的最初装帧（16世纪）
红色皮质，镶金装饰
65厘米 ×44厘米
米兰，安布罗西亚纳图书馆

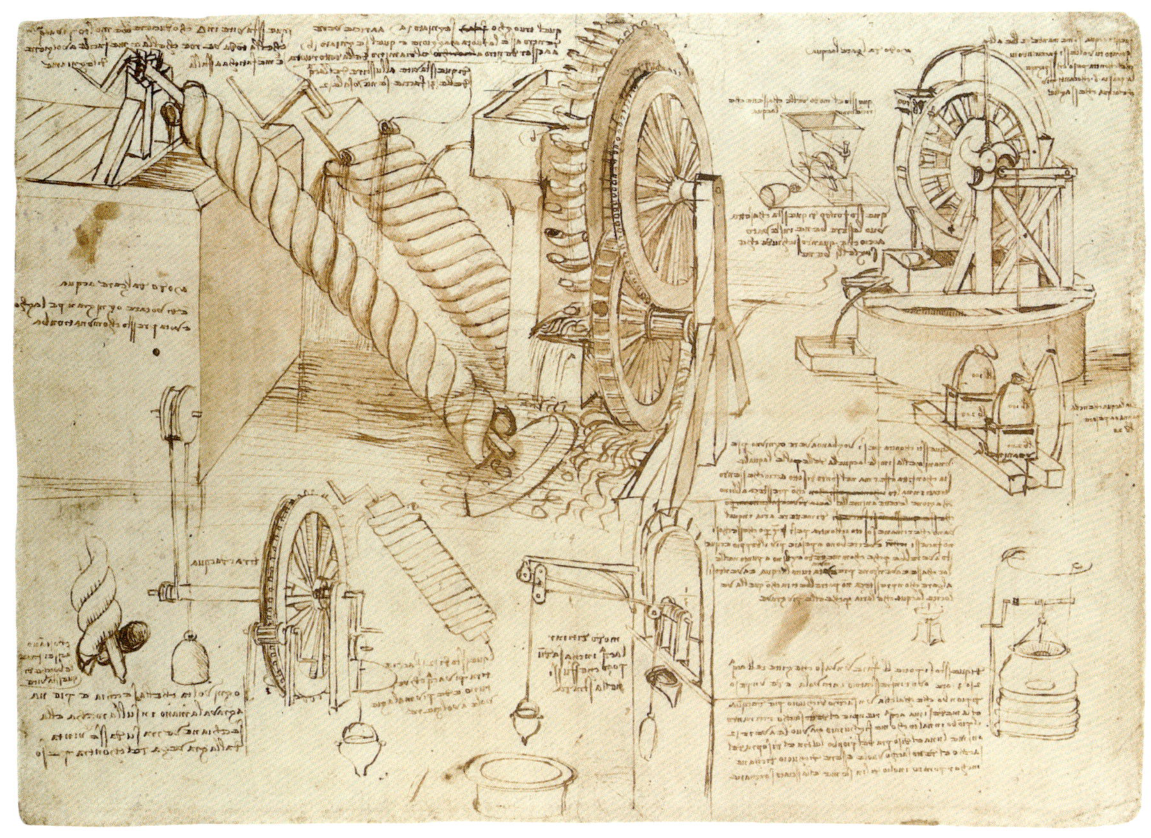

阿基米德式螺旋抽水机（约 1480）
《大西洋手稿》（26 页，左页）

意大利

《大西洋手稿》

米兰，安布罗西亚纳图书馆
401 页，65 厘米 ×44 厘米。

该手稿修复后重新装订成 12 册，共计 1119 页。莫皮奥·列奥尼把达·芬奇五花八门的材料整理成册：这位雕刻家兼收藏家把共计 1750 页手稿和零落的碎片粘在大规格的纸张上，之后将其装订成册。此手稿的名字来源于其装订成册的大规格纸张，该纸张如地图册一般大小。就手册的完成时间而言，此手稿所涉内容的时间跨度巨大，始于 1478 年，止于 1518 年，从达·芬奇的青年时期到生命结束，而其所涉内容也是纷繁多样。

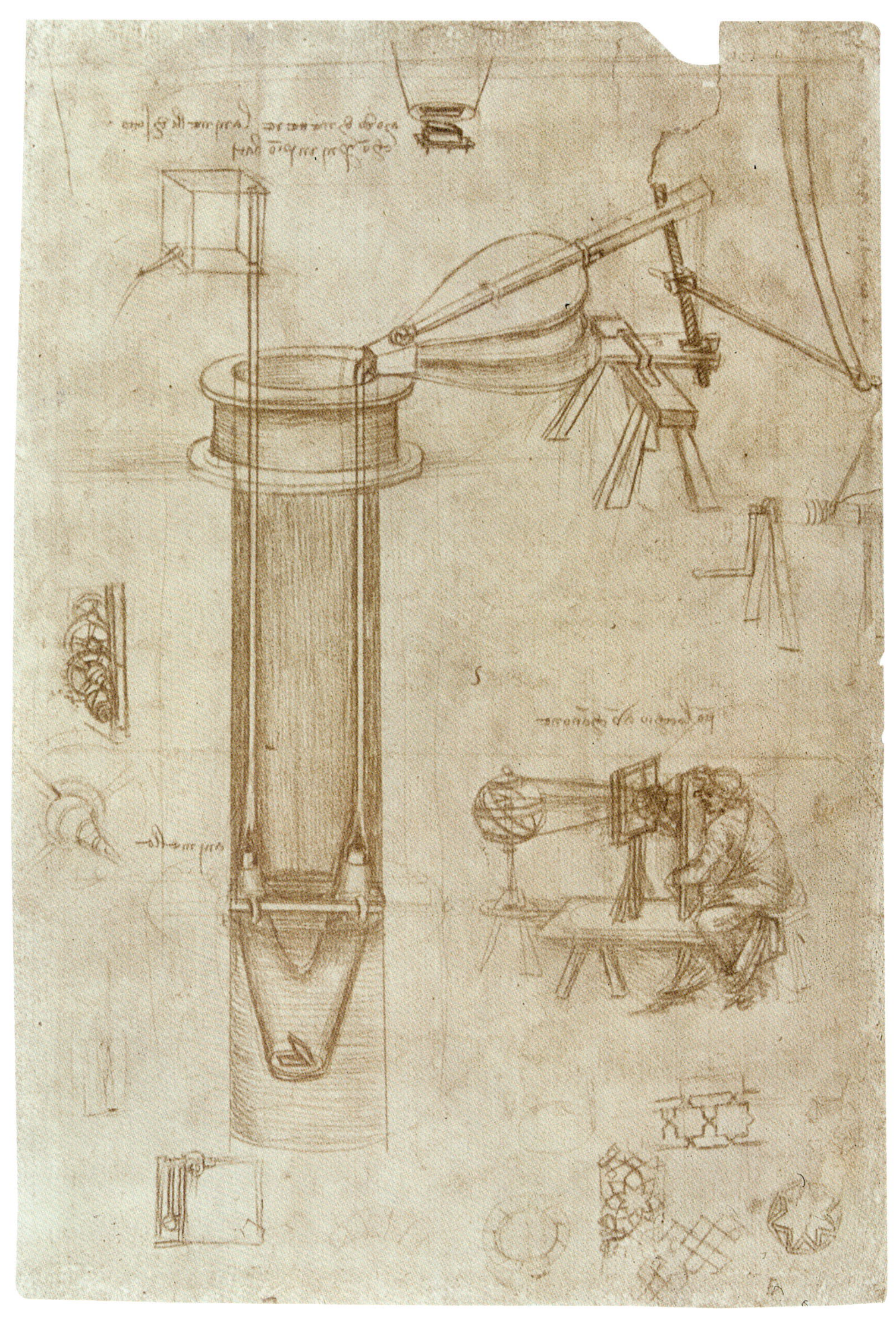

风箱驱动汲水机及坐在透视画绘图器前的人（约 1480）
《大西洋手稿》（5 页，右页）

披布的男人 | 醉酒的男人（1487—1490）
《提福兹欧手稿》（28 页，右页）

《提福兹欧手稿》

米兰，斯福尔扎城堡图书馆
51 页（最初是 62 页），约 20.5 厘米 ×14 厘米。

此手稿属于阿尔科纳蒂于 1637 年捐赠给安布罗西亚纳图书馆手稿的一部分，但伯爵可能又把它收了回去，用如今我们称作《手稿 D》的手稿替换，后来《手稿 D》与安布罗西亚纳图书馆捐赠的其他手稿一起，被从米兰图书馆运送到法国。后来有关《提福兹欧手稿》的踪迹却杳如黄鹤，直到其出现在卡西亚·加埃塔诺的财产清单里，而后者又在 1750 年将此手稿送与提福兹欧王子。此手稿所标注的时间是从 1487 年到 1490 年，内容囊括了拉丁词语列表、漫画，以及有关军事与宗教建筑艺术的研究。

《鸟类飞行手稿》

都灵，皇家图书馆
18 页，21 厘米 ×15 厘米。

这本手稿被“镶嵌”在《手稿 B》中。它就是以这种方式从安布罗西亚纳图书馆运送至法兰西学院的。古列尔莫·利布里将其从法兰西学院偷走并拆散，把其中的 5 页在英国卖掉，而剩余部分则在 19 世纪末被吉亚科摩·曼佐尼伯爵买走，后又被俄国王子西奥多·萨巴克尼科夫购买捐给萨沃依家族。现在，这本小册子又归于完整，其内容包括对飞鸟飞行的观察和对飞行器的相关研究，标注的时间为 1505 年。

手稿 K
巴黎，法兰西学院

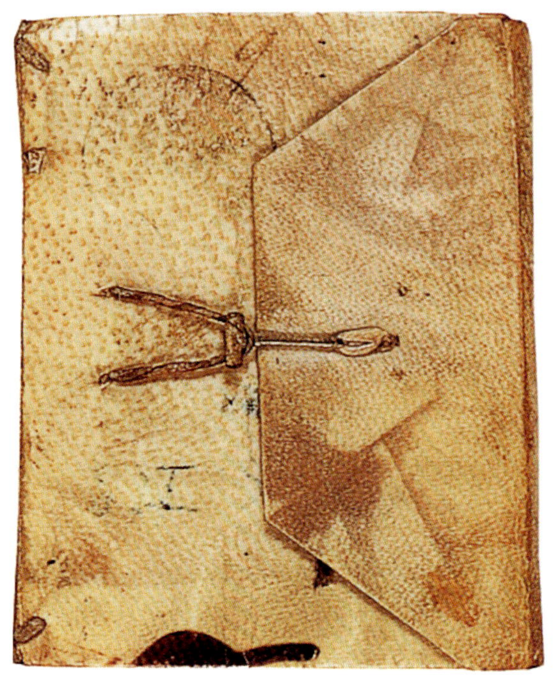

手稿 I
巴黎，法兰西学院

法国

在法国的手稿

巴黎，法兰西学院

曾藏于米兰安布罗西亚纳图书馆的所有手稿中，除了《大西洋手稿》于 1815 年回归意大利之外，其他手稿均在 1795 年被拿破仑带到了法国的图书馆，现藏于法兰西学院。根据 18 世纪晚期的编排规则，这批手稿都以字母标注，从字母 A 始，到 M 止，一律是小开本，有趣的是它们都忠实地保留了达·芬奇原有的编排方式。大师惯用左手写字，因此产生了其特有的从右侧向左侧书写的镜像写法。除此一点，我们还可以看到他惯于从一册书的后面开始往前写，还习惯做笔记，必要时会把纸张上下颠倒。这批手稿可分为两组，第一组写得比较规范有序，通常用墨水笔写就，可能是在工作坊里书写完成的；第二组则由一些较小的册子构成，于匆忙之间写就，通常用红色铅笔书写，可能是在不固定的场所完成的，比如户外。

蔬菜与水果、建筑艺术布局 ▶
和几组无法辨识的字母（1487—1489）
《手稿 B》（2 页，右页，细节图）

BIBLIOTHÈQUE
INSTITUT

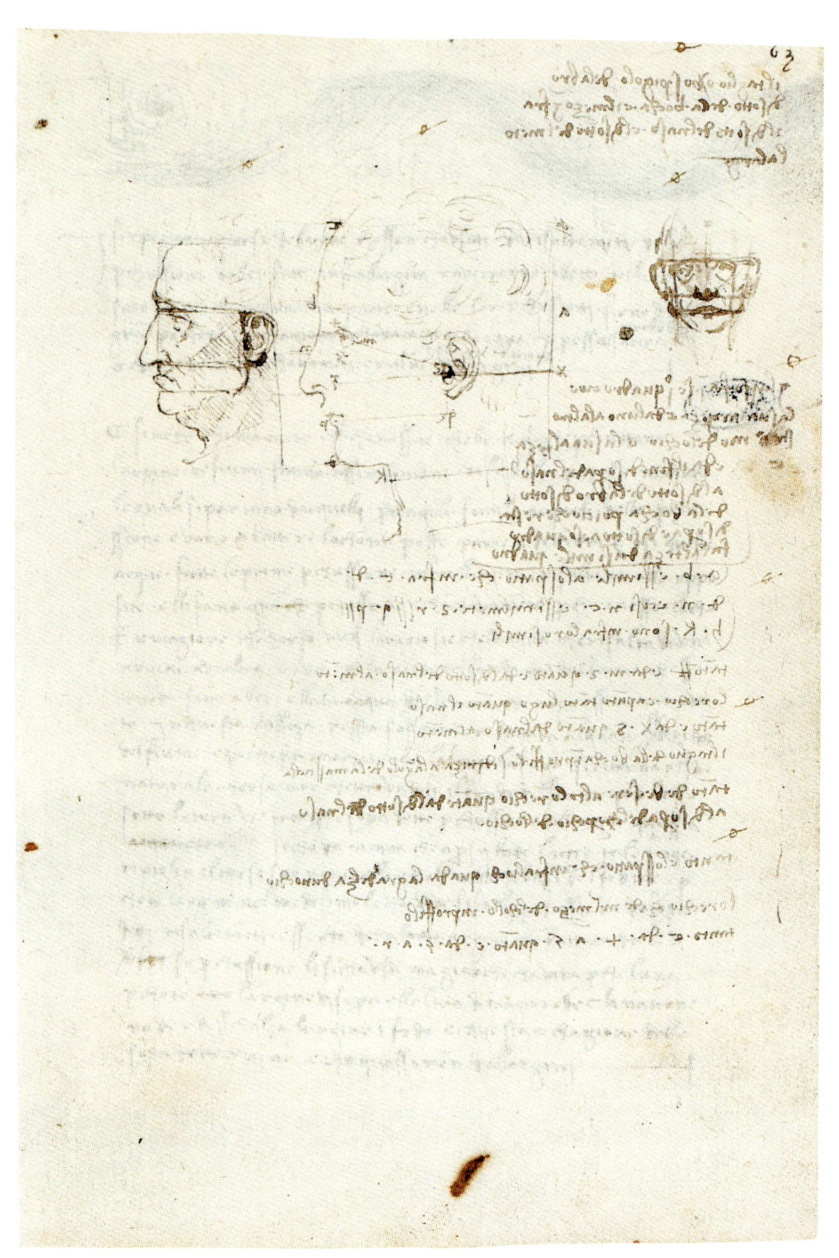

人体头部习作（1490—1492）
《手稿 A》（63 页，右页）

《手稿A》

63 页（最初 114 页），22 厘米 ×15 厘米。

发生于 19 世纪中叶的那次盗窃事件致使本册手稿支离破碎。古列尔莫・利布里从该手稿中抽出大量单页，有些单页迄今为止仍杳无音信，而另有部分单页则被古列尔莫・利布里单独装订成册，卖给了英国的阿什伯纳姆勋爵。后来，这一小册被重新找回并收录其中，编号为阿什伯纳姆 2038。《手稿 A》的标注时间为 1490 年到 1492 年，绝大部分内容与绘画和物理学相关，"运动是物体的共同属性"这一论断就出现在这部分手稿中。达・芬奇在此对绘画这一主题进行了非常详

启动飞行器机翼所需动力测试研究（1487—1490）
《手稿 B》（88 页，左页，细节图）

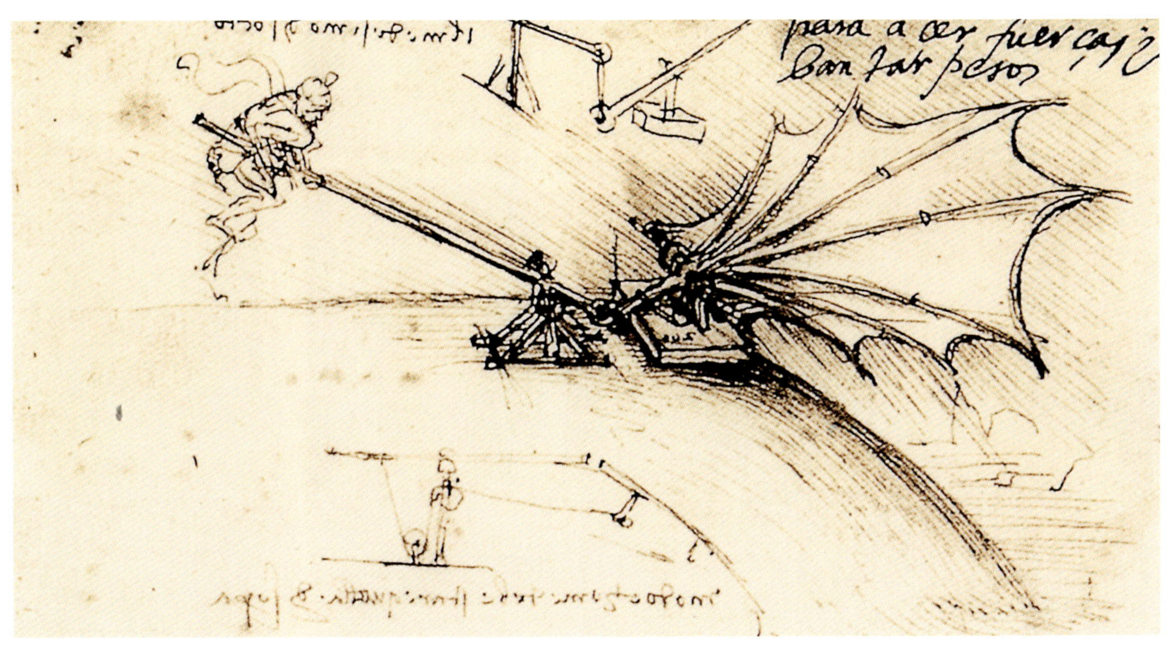

细的论述，其学生弗朗西斯科·梅尔兹后来将达·芬奇针对此主题的论述加以整理，把相关内容大段地摘录到达·芬奇的 *Libro di pittura* 一书中。本书后来于 17 世纪中叶出版，命名为《论绘画》。

《手稿B》

84 页（最初 100 页），
约 23 厘米 ×16 厘米。

该手稿与《手稿 A》如出一辙，同样因惨遭古列尔莫·利布里偷窃而变得支离破碎，若干张单页失窃后被重新装订成册，之后卖给了阿什伯纳姆勋爵。另编成册的这部分后来被找回并收编，标记为阿什伯纳姆 2037。该手稿写于 1487 年至 1490 年，与《提福兹欧手稿》同属达·芬奇最早的手稿。当时大师已经 35 岁，尽管用笔来记录自己思想的这项工作他开始得较晚，但他终究设法摆脱了年轻时对文字的厌恶，开始了这项工作。该手稿主要由以下内容构成：武器绘图、军事器械或工业机器绘图、圆形教堂绘图、著名的两层“理想城”绘图，最重要的还包括具有前瞻性的飞行器设计及其他发明设计。小到为直升机准备的一枚螺母，大到一艘潜水艇，都一一呈现。

具有圆形剖面的教堂“鸟瞰图”及布局（附有军事建筑绘图，1487—1490）
《手稿 B》（18 页，左页；19 页，右页）

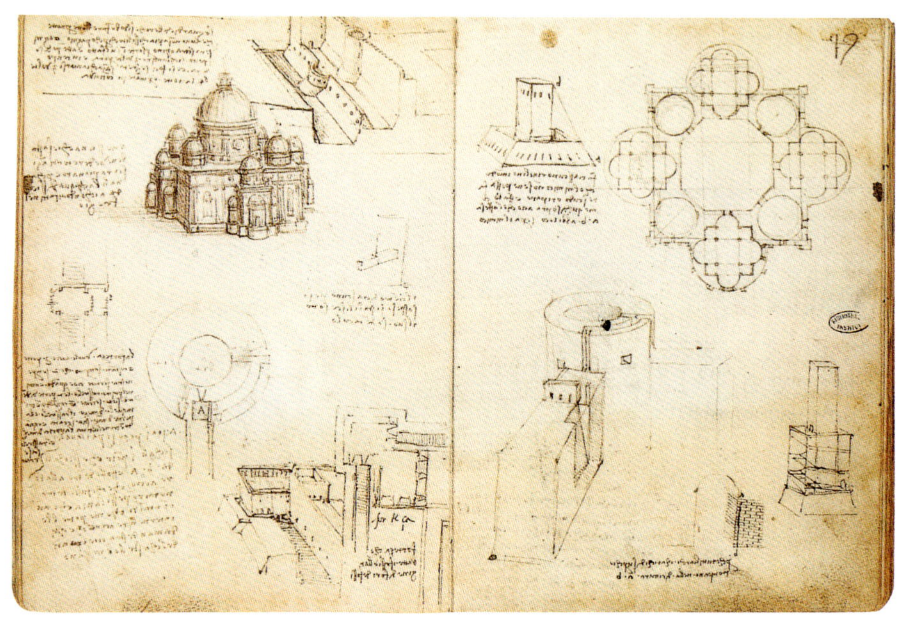

《手稿C》

32 页，31.5 厘米 ×22 厘米。

在梅尔兹家里发生了加瓦尔·迪·阿索拉偷盗事件后，玛赞塔兄弟手里还留下了若干本手稿，本册手稿就是其中一本。因此，它没有出现在列奥尼的遗产清单中，当然也不在被阿尔科纳蒂从列奥尼遗产中购买，并卖至安布罗西亚纳图书馆的手稿之列[①]。实际上，圭多·玛赞塔将其赠送给了米兰图书馆的创始人红衣主教费德里科·包罗密，后者又把它捐给了米兰图书馆。该手稿中可能本来还包含另外一个笔记本，现已丢失。手稿上有开始记录的时间，即 1490 年 4 月 23 日，其结束的时间有可能是 1491 年。其主要内容为光与影在不同形状及平面上的不同效果。

《手稿D》

10 页，22.5 厘米 ×16 厘米。

该手稿本不在阿尔科纳蒂的捐赠之列，后来阿尔科纳蒂用它与《提福兹欧手稿》对换，把后者收回。

---

① 此处与前文表达不符，前文表示在阿索拉偷盗事件发生 3 年后才发生玛赞塔兄弟“不当占用”事件，而且前文也多次表示阿尔科纳蒂伯爵是将手稿捐献给安布罗西亚纳图书馆的，而不是卖给他们。——译者注

光束穿过一个三角开口（1490—1491）
《手稿 C》（10 页，左页）

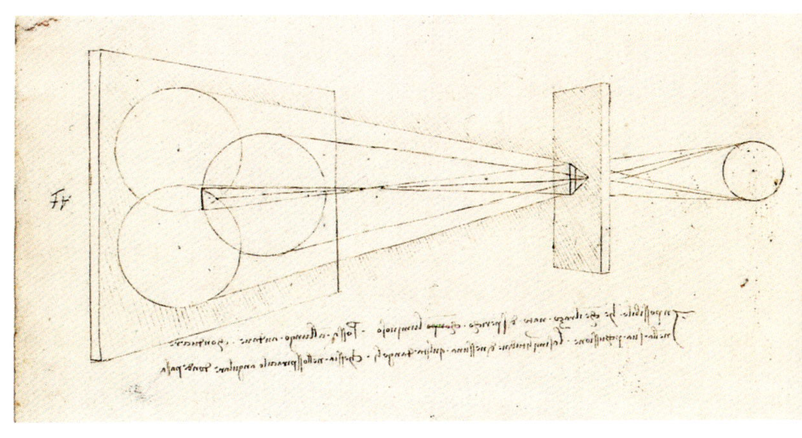

眼睛与光束（1508—1509）
《手稿 D》（1 页，左页，细节图）

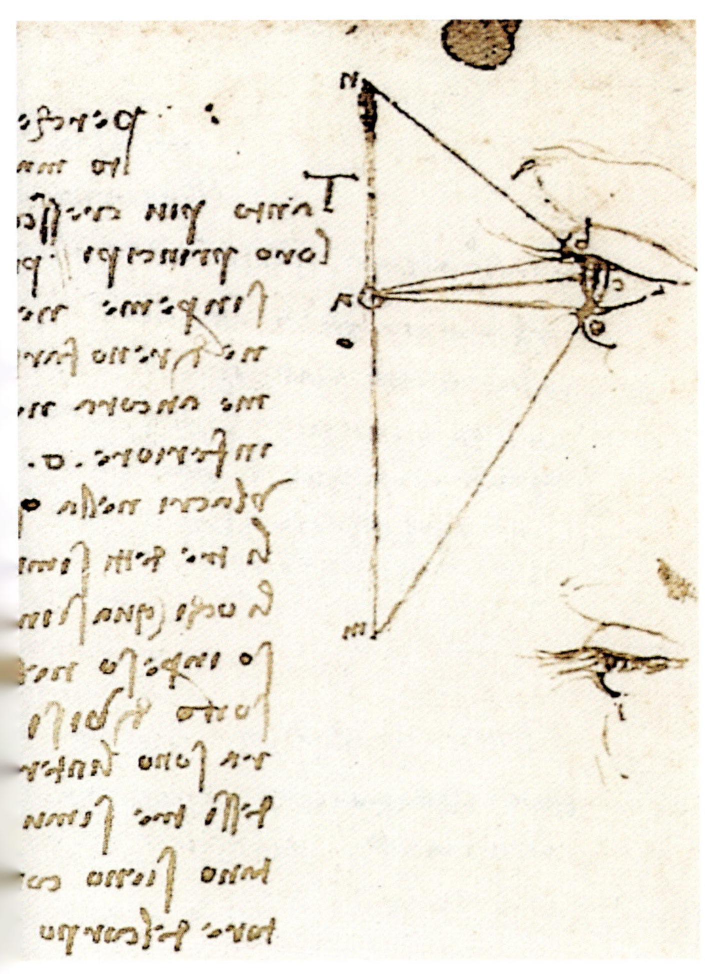

该手稿的标注时间为1508年至1509年，其主要内容是对眼睛结构及视觉成像原理的研究。其研究通过以下方式进行：一是对比前人的理论假设；二是进行实践，包括解剖尸体，制作眼睛的玻璃模型，以及准备一间暗室。

《手稿E》

80 页（最初 96 页），14.5 厘米 ×10 厘米。

该手稿由于被古列尔莫·利布里抽走了一组单页而变得支离破碎，之后遗失。这是达·芬奇晚年时期的一本手稿，标注时间是从1513年到1514年。该手稿主要涉及以下两个主题：机械物理学和鸟类飞行，两者都与飞行器的发明相关。当时达·芬奇已经从发明由舞动的翅膀提供动力的装置，发展到发明利用气流而滑行的滑翔器。

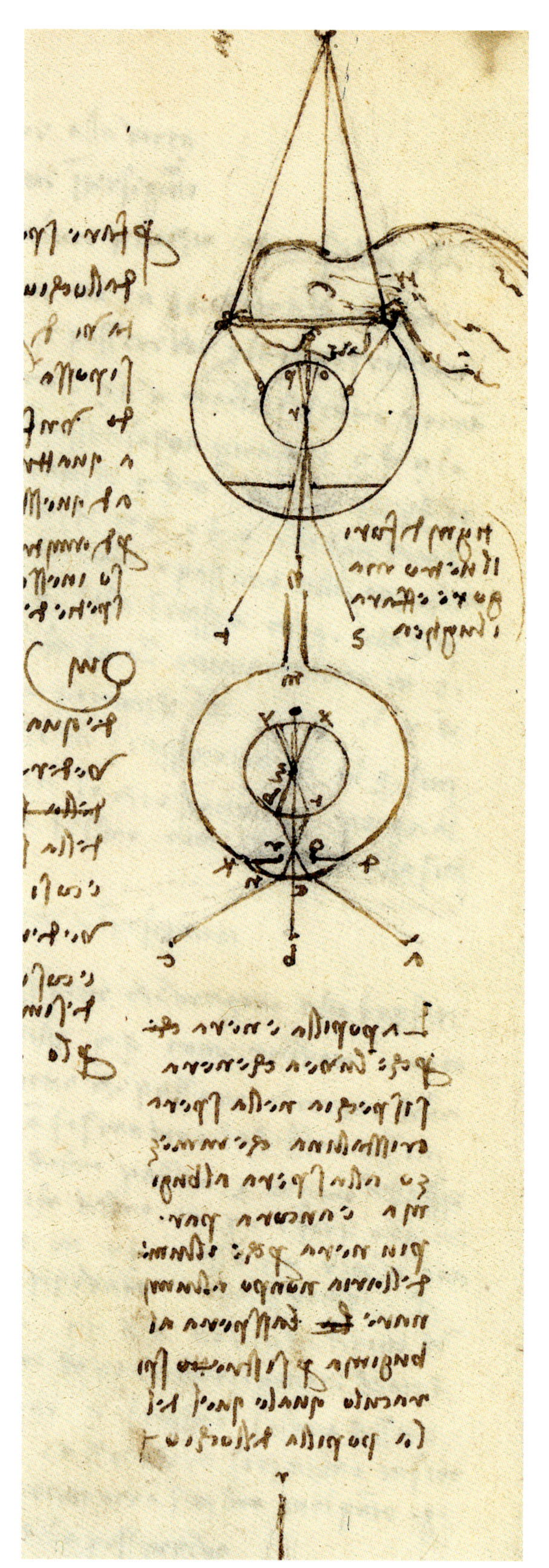

观察者把头探入一个人类眼睛的玻璃模型观看（1508—1509）
《手稿 D》（3 页，左页，细节图）

《手稿F》

96 页，14.5 厘米 ×10 厘米。

该手稿于 1508 年在很短时间内得以编纂完成，至今保存完好，主要内容是对水的研究，达·芬奇还以其精湛的绘画技巧示范了液体元素所能呈现的复杂形态。其中很重要的一部分是对光学和光的研究，并由此延伸到对宇宙论的探讨上，并提出假说，认为地球有可能最初是从海水中浮现而出的。

《手稿G》

93 页（可能当初有 3 页被拿掉了），14.5 厘米 ×10 厘米。

手稿上标注的年份为 1510 年、1511 年和 1515 年。前两个年份为达·芬奇第二次栖居于米兰时期，而第三个年份则为他在罗马居住时期。手稿涉及的主题很多，其中对植物学的研究尤为重要。

《手稿H》

142 页，10.5 厘米 ×8 厘米。

该手稿由 3 本小册子组成，可能是在莫皮奥·列奥尼去世之后被装订到一起的。主要内容是对水的研究。其中有关拉丁文语法的有趣笔记表明当时已经四十多岁的达·芬奇又重新开始学习拉丁文。手稿标注的年份为 1493 年到 1494 年，3 本小册子都涉及了这两个年份。

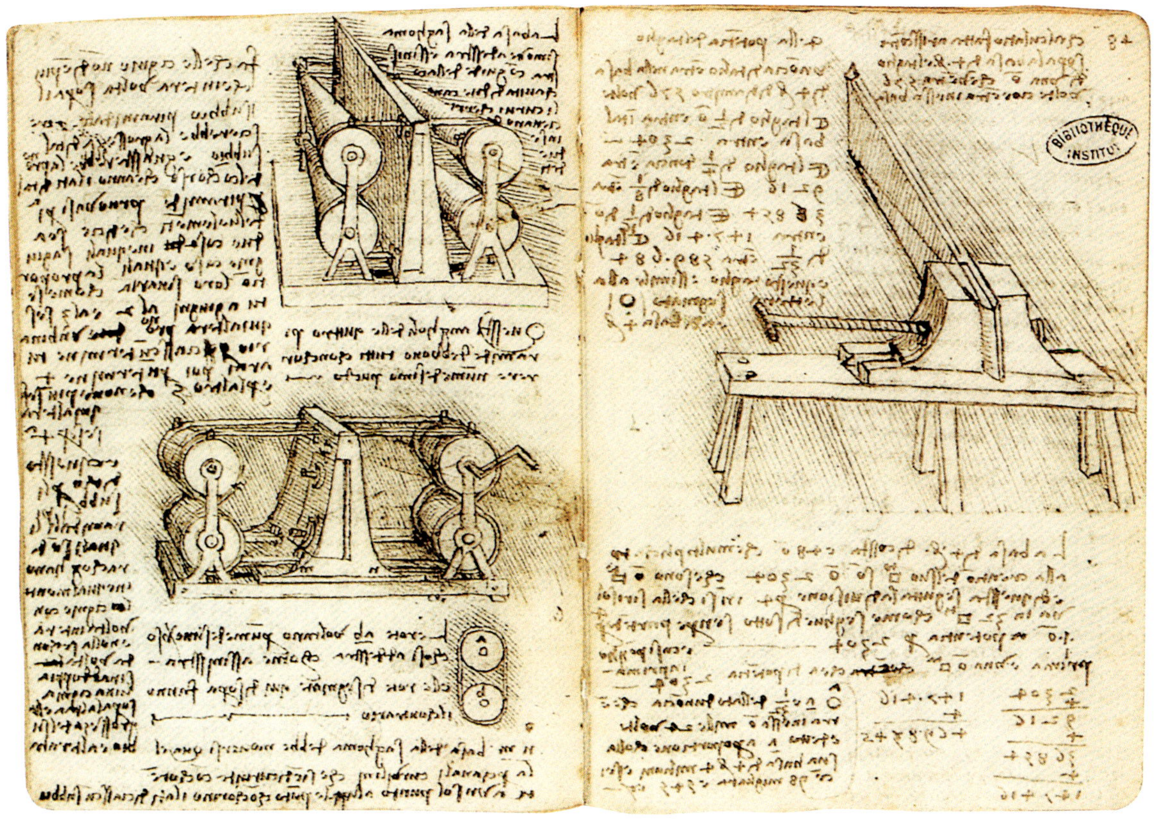

用于生产凹镜的器械和对剪切功率的研究（附数字计算，约 1515）
《手稿 G》（83 页，左页；84 页，右页）

《手稿I》

第一部分48页，第二部分91页，10厘米 ×7.5厘米。

由两本小册子构成，两者在页数上有所不同，从撰写顺序上来讲为倒叙，第一本的标注时间为1499年，而第二本的标注时间则为1497年。该手稿涉及各种主题，其中还记录了他对自己在圣维托雷的葡萄园进行测量的数据，这成为该手稿中最令人惊奇的资料之一。

《手稿K》

第一部分 48 页，第二部分 32 页，第三部分 48 页，9.6 厘米 ×6.5 厘米。

尽管该手稿列于列奥尼的遗产之中，却没有经阿尔科纳蒂捐赠进入安布罗西亚纳图书馆，而是在 1674 年由奥拉齐奥·阿尔基蒂伯爵将其卖入该馆。它由 3 本小册子组成，前两本的标注时间始于1503年，截至1505年，第三本则始于 1506 年，截至 1507 年。几何学是该手稿，尤其是前两部分的主要内容，它提出了一个有趣的问题，即如何把圆形变为方形。

《手稿L》

94页(最初为96页),10厘米 ×7厘米。

该手稿保持了其被撰写时的特征，撰写时间始于1497年，截至1502年，但增页部分则延至1504年才完成。有关《最后的晚餐》的笔记是这一手稿中最为有趣的部分。同样重要的部分还包括大师在效力于恺撒·博尔吉亚期间所设计的军事防御工事和对鸟儿飞行的研究，以及花样繁多的飞行器设计图，这些部分占据了手稿的很大篇幅。在诸多令人生奇的资料中，有一幅巨型桥梁设计草图，其设计目的是连通“佩拉和君士坦丁堡”。他在一封写给土耳其首领苏丹的信里曾提及此桥。

《手稿M》

96页，约10厘米 ×7厘米。

达·芬奇从1495年开始撰写该手稿，其中囊括了他在1499年至1500年期间的研究。在此期间他主要致力于与诸如欧几里得、亚里士多德等古代伟大思想家的交锋中。手稿中很大篇幅被用以记录他对几何学与物理学的研究。

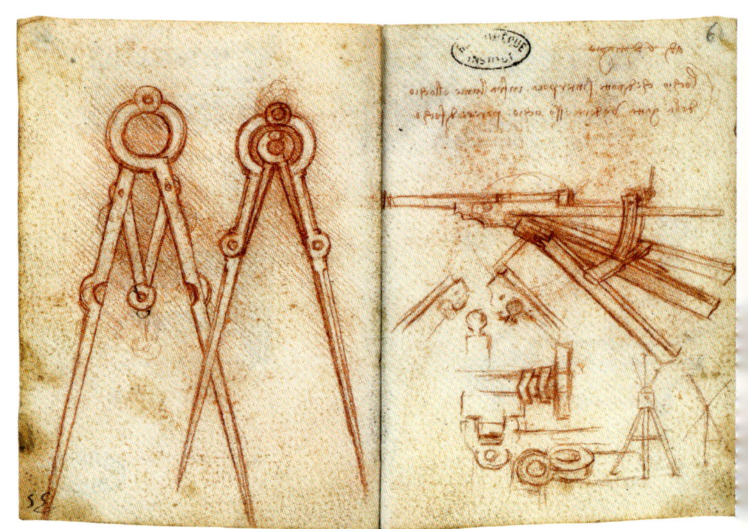

两种可调节的开口圆规、迫击炮和机械部件（1493—1494）
《手稿H》（108页，左页；109页，右页）

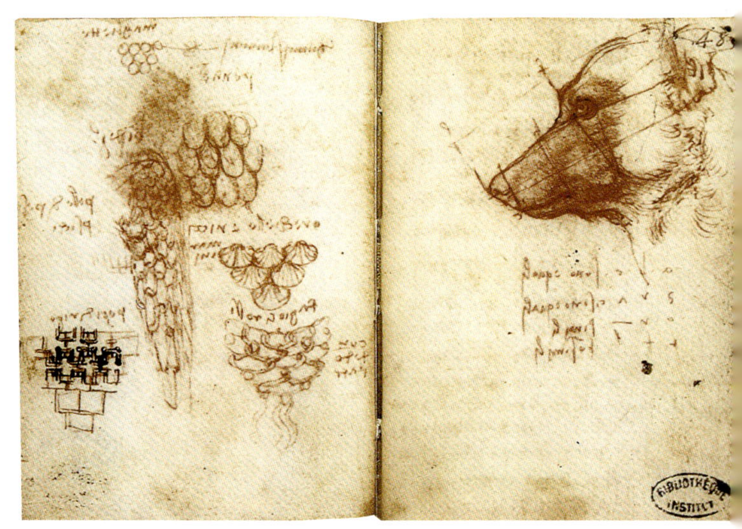

装饰图案习作和狗头比例习作（1497—1498）
《手稿I》（47页，左页；48页，右页）

遍布世界各地的达·芬奇研究机构

围绕着达·芬奇这一复杂难解的人物，纷繁的国际机构与研究组织应运而生。其源头是一些专业图书馆，最古老的一个是1898年落成于芬奇镇的达·芬奇图书馆。紧随其后，位于米兰的芬奇收藏（Raccolta Vinciana，该机构也作为出版社，发行与该机构同名的年鉴）于1905年落成，还有位于洛杉矶的艾尔默·贝尔特之达·芬奇图画馆，其创建者于1961年将它捐给了加利福尼亚大学。阿曼德·哈默在此捐助了一个达·芬奇研究席位及一个达·芬奇研究中心，两者都由卡洛·佩德雷蒂负责管理。《哈默手稿》正是依据阿曼德·哈默的名字而命名的。在洛杉矶，卡洛·佩德雷蒂也建立了一个重要的基金会，其欧洲的基地就设在卡洛·佩德雷蒂位于兰波雷基奥镇卡斯特·维托尼的别墅里。兰波雷基奥镇位于芬奇镇的北边。

除此之外，还有无数的其他组织及倡议都与达·芬奇有关，其中包括由亚历桑德鲁·韦佐西所负责管理的达·芬奇理想博物馆，还包括了对所有达·芬奇手稿摹本的印刷工作，这项工作由君提出版公司承担，并获得了佛罗伦萨的列奥纳多·达·芬奇基金的资助。实际上，《列奥纳多·达·芬奇学术界》也由君提出版公司出版发行。

达·芬奇研究中心简报
布雷西亚

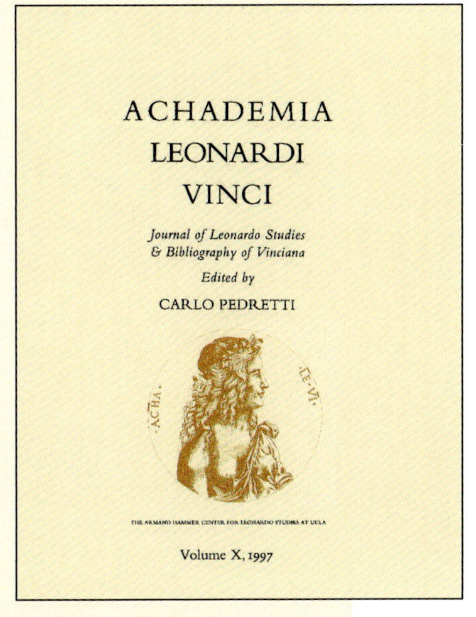

哈默中心年鉴
洛杉矶

标注阿诺河道的托斯卡纳水路图（约 1504）
《马德里手稿 II》（22 页，左页；23 页，右页）
* 图中标注有从佛罗伦萨流经比萨最后汇入大海的阿诺河道。

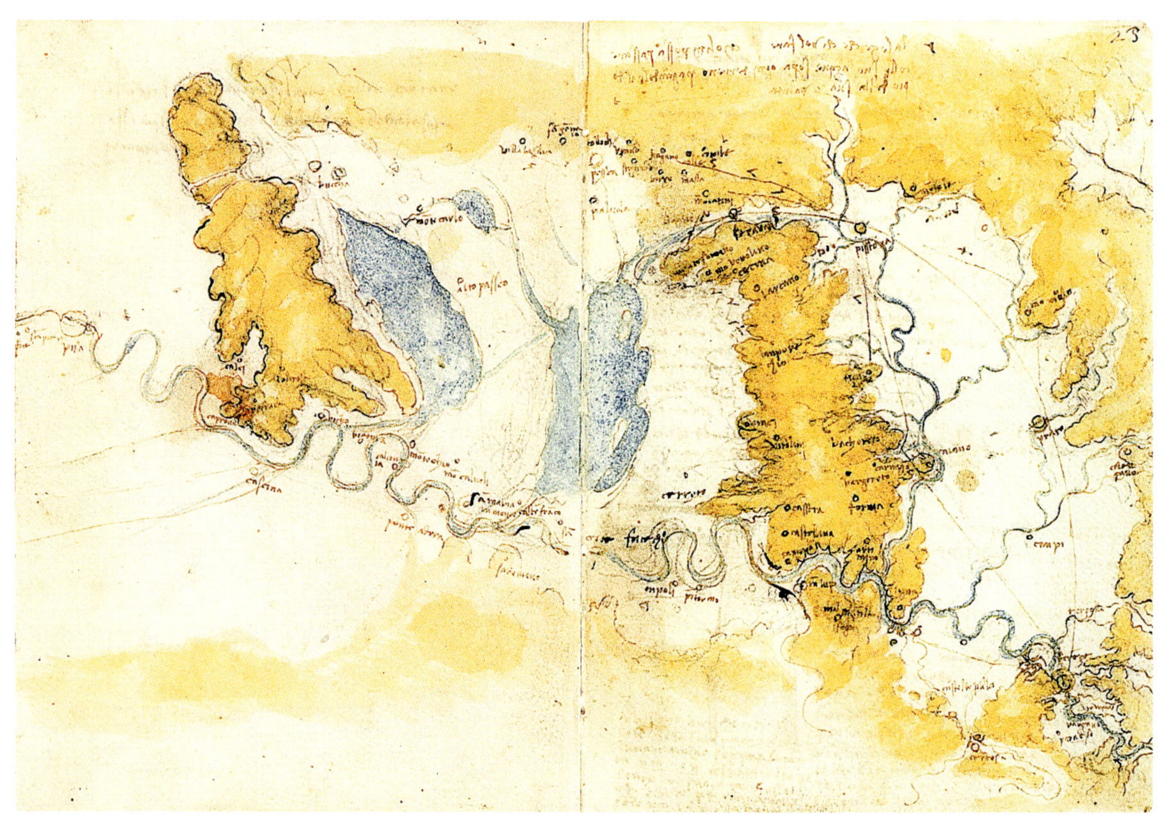

西班牙

《马德里手稿I&II》

马德里，国家图书馆

直到 1966 年，两本手稿才在西班牙国家图书馆被偶然发现。1830 年，当两本手稿被皇家图书馆收入并进行分类时，由于标识错误，首次被列于 1831 年至 1833 年的分类目录下，因此，几个世纪以来，人们对于两本手稿的存在一无所知。唐·胡安·埃斯皮纳可能是从列奥尼的遗产中获得此手稿，从而成为两本手稿的主人。几乎可以确定，它们正是阿伦德尔勋爵曾于 17 世纪 30 年代试图购买的手稿，而且温琴特·卡杜乔在 1633 年提到的应该也是它们——温琴特·卡杜乔谈及埃斯皮纳曾试图把它们捐赠给西班牙国王，此事似乎在这位西班牙绅士去世时才得以实现。

《马德里手稿I，8937》

184 页（其中有 8 页可能在达·芬奇时代就已丢失），21 厘米 ×15 厘米。

这些手稿都是在 1490 年至 1499 年撰写完成的，增页部分则直到 1508 年才完成。第

发条装置、自动卸载货物装置和链条装置（约 1495—1499）
《马德里手稿 I》（9 页，左页；10 页，右页）

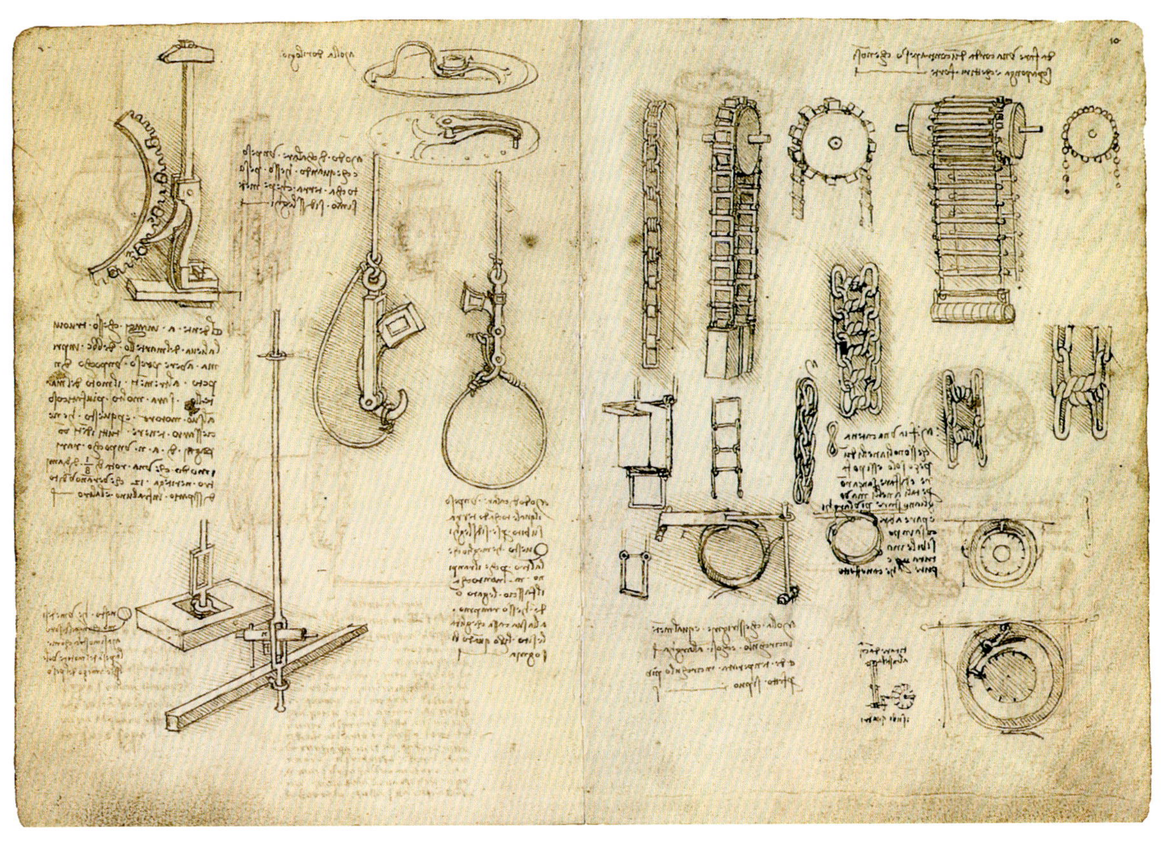

一部分的内容为各种各样的机械绘图，其中包括各式钟表，而第二部分的内容则主要是对理论力学的研究。

《马德里手稿II，8936》

157 页，21 厘米 ×15 厘米。

该手稿由两部分组成，无论从内容上讲还是从撰写时间上讲，两部分手稿都迥然相异。第一部分的撰写时间始自 1503 年，截至 1505 年，而第二部分（从 141 页到 157 页）则可以明确推定其撰写时间为 1491 年至 1493 年，当时达·芬奇居住于米兰。该手稿非常重要，因为从中可以获悉达·芬奇的一些活动内容。最引人关注的绘图是在佛罗伦萨和比萨战争期间关于修改阿诺河河道的设计；而同一时期的笔记则提供了有关《安吉里之战》的珍贵资料。该手稿中还有一些内容是有关透视画法与光学方面的研究，这部分内容被梅尔兹用于其《论绘画》一书。手稿的最后一部分内容则与浇铸斯福尔扎骑马纪念碑有关。

躯体和大腿的肌肉习作（1510）
《温莎手稿》（全图与细节图）

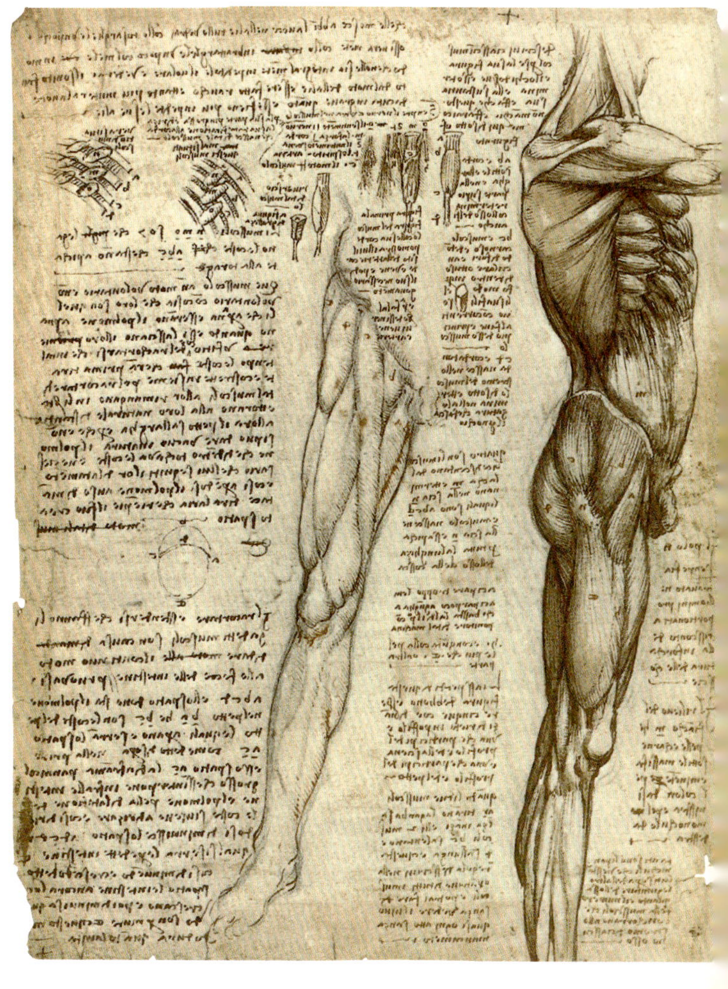

英国

《温莎手稿》

温莎古堡，皇家图书馆，234 页。

这是一部汇集各式资料的杂集。像《大西洋手稿》一样，将这些资料汇编于一册的并非达·芬奇本人，而是莫皮奥·列奥尼。1630 年，该手稿为阿伦德尔勋爵——托马斯·霍华德所拥有，他在西班牙于莫皮奥·列奥尼的子嗣处购得此册。但后来它是怎样进入英国王室的收藏之列的，到目前仍是一个谜。我们知道阿伦德尔勋爵在 1645 年，即内战期间，离开了英国到阿姆斯特丹定居。但这本达·芬奇手稿是经荷兰而传入温莎皇家图书馆的，还是在此之前就已经进入温莎皇家图书馆了？这一点我们不得而知。如果是第一种情况，那么人们猜测，可能此手稿开始是为宫廷画匠彼得·莱利先生所拥有，后来他又将其卖给或捐给了国王查理二世。不管怎样，到 1690 年，它已成为皇家藏品，以下事实为此提供了佐证：康斯坦丁·惠更斯，一位收藏家，同时也是威廉三世的秘书，在 1690 年曾目睹过此手稿。它囊括了达·芬奇从 1478 年至 1518 年绘制的将近 600 幅绘图。从 19 世纪晚期开始，针对此手稿的一项漫长整理工作开始实施，所以现在手稿中的每一页都被置于双层有机玻璃之间，并按照主题加以分类：解剖绘图，风景画，马和其他动物绘图，人物图像、侧面像和漫画像，以及其他绘图。

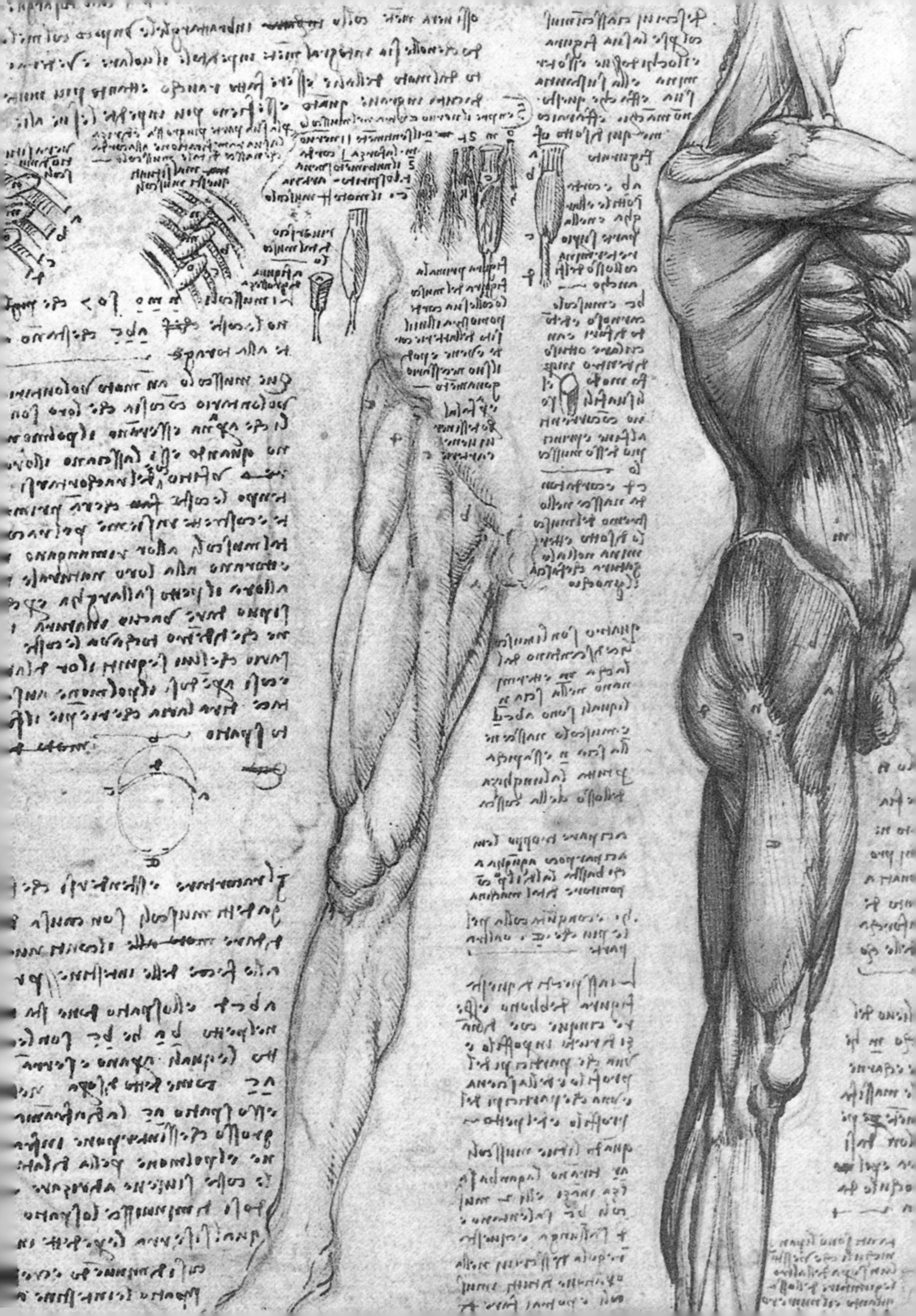

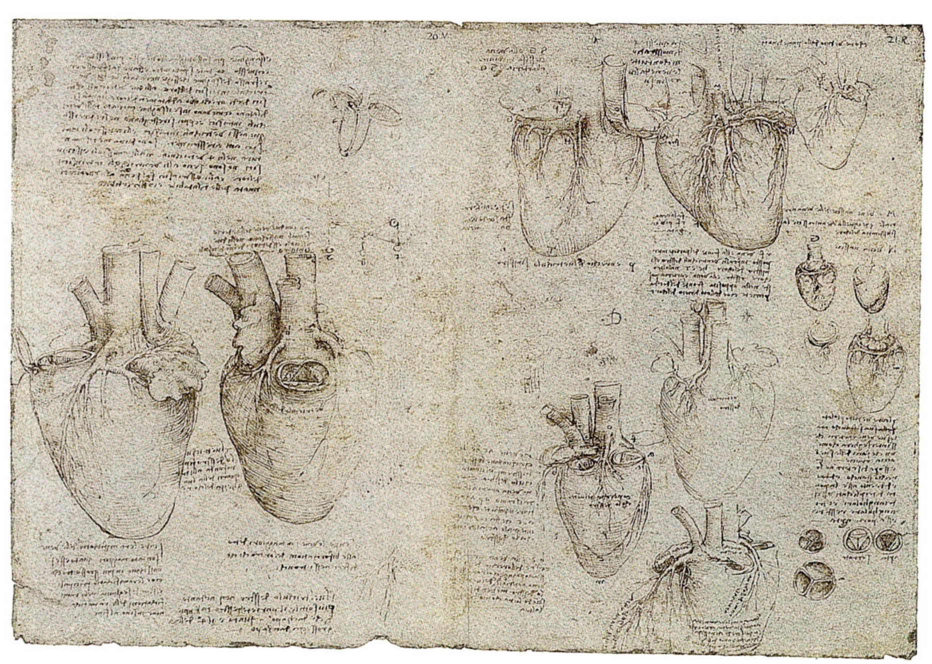

心脏浅静脉（约 1513）
《温莎手稿》

《阿伦德尔手稿》

伦敦，大英图书馆

283 页，约 21 厘米 ×15 厘米。

这也是一部非达·芬奇本人汇编成册的各式资料的杂集。不同的是，《大西洋手稿》和《温莎手稿》都是由零落的手稿页和碎片整合成册，而此手稿则是把几本小册子装订到一起进行整合，多多少少还保留了其原有的结构，当然也有些手稿单页被插入到小册子中，上面标注有不同的时间。该手稿不属于莫皮奥·列奥尼的遗产，几乎可以确定是阿伦德尔勋爵（又名托马斯·霍华德）于 17 世纪 30 年代在西班牙将其买入。不管怎样，有一点可以确定，那就是在 1642 年，它已经被阿伦德尔勋爵安置于其英国家里的图书馆中，并在 1646 年阿伦德尔勋爵在意大利去世后，传于他的子嗣。这位伟大的艺术收藏家在意大利马不停蹄地寻求过达·芬奇的相关资料，经常为此舟车劳顿。他还曾经与阿尔科纳蒂伯爵取得联系，希望从他那儿购得《大西洋手稿》，却最终未能如愿。1666 年《阿伦德尔手稿》被其新晋主人捐赠给伦敦皇家学会，并在 1831 年至 1832 年间从伦敦皇家学会运抵大英博物馆。

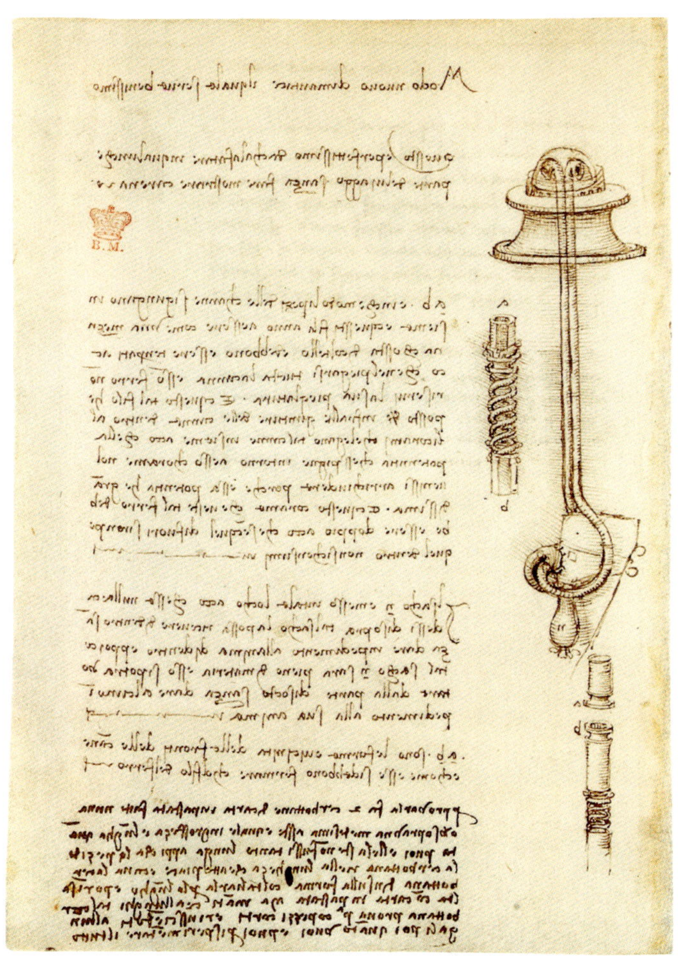

漂浮器习作（附有为潜水者准备的呼吸器具，1508）
《阿伦德尔手稿》（24 页，左页）

就其撰写时间来讲，撰写此手稿的时间跨度巨大，从 1478 年一直到 1518 年。其主要内容为数学，但与此同时也有大量的其他内容，从物理学到光学再到建筑学的内容都有所涉及。达·芬奇设计的罗莫朗坦宫殿的绘图就收录于刚才提到的建筑学部分。他是在栖居于法国期间，在其生命尽头的最后三年中，设计了罗莫朗坦宫殿。本手稿中有一段他的笔记颇为知名，他以一种淡然而疏离的口吻记录了父亲的离世，读起来几乎就像一位公证人在记录文案："1504 年 7 月 9 日，星期三，7 点。瑟·皮耶罗·达·芬奇，行政长官宅邸公证人，我的父亲，在 7 点钟离世，享年 80 岁，留有 10 个儿子，2 个女儿。"在该手稿众多令人生奇的资料中，有一幅绘图是"潜水者面具"，所绘的是一个未来的水下呼吸器具。

《福斯特手稿》

伦敦，维多利亚和阿尔伯特博物馆

这是 3 本手稿小册子，如口袋笔记本大小，在内容和标注时间上各有不同。利顿公爵最初拥有这 3 本小册子，他可能是从列奥尼的遗产中将其收入囊中，但后来它们又归于约翰·福斯特名下。1876 年约翰·福斯特离世后，3 本手稿留给了伦敦的维多利亚和阿尔伯特博物馆。

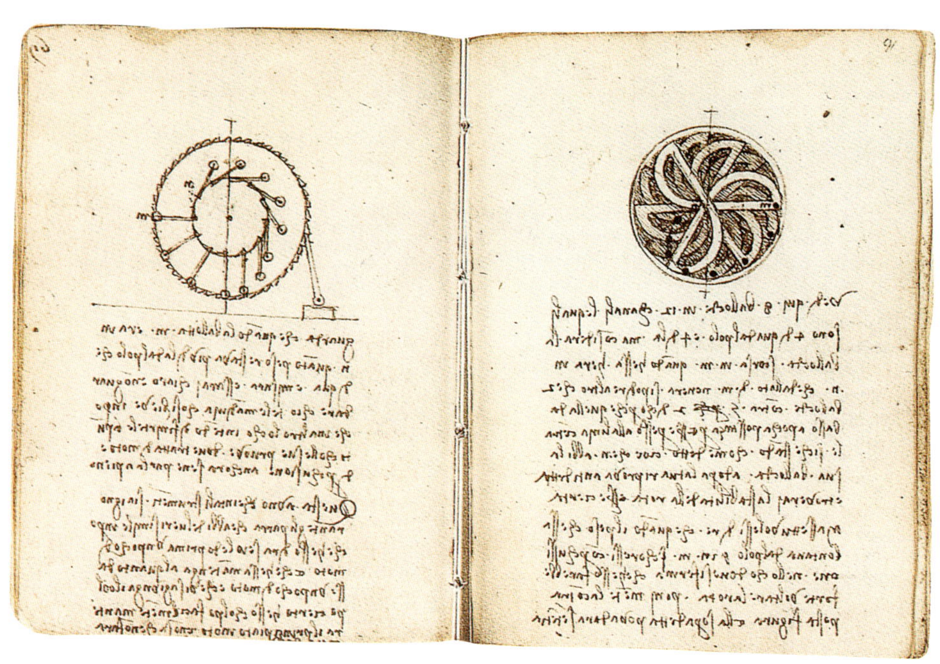

对持续运动问题的研究（约 1495）
《福斯特手稿 II》（90 页，左页；91 页，右页）

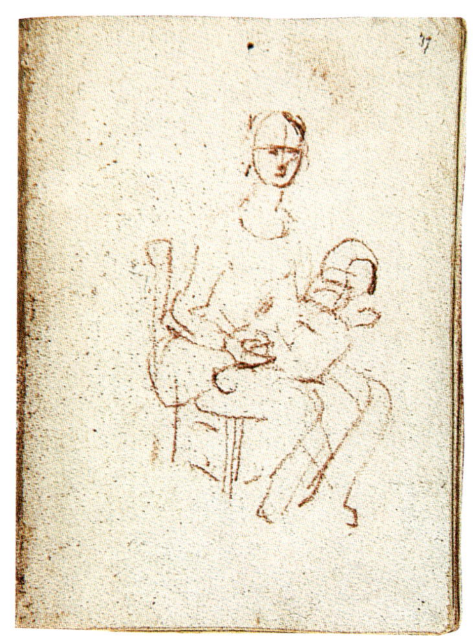

抱着孩子坐着的女人（约 1497）
《福斯特手稿 II》（37 页，右页）

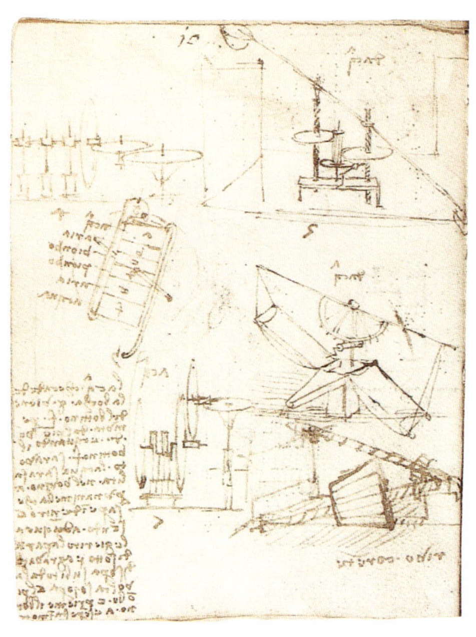

驱动液压泵的齿轮（约 1487—1490）
《福斯特手稿 I》（45 页，左页）

几何图形、比例规及其螺母（1505）

《福斯特手稿 I》（4 页，右页）

《福斯特手稿 I》

第一部分 40 页，第二部分 14 页，

约 14.5 厘米 ×10 厘米。

该手稿分为两部分，第一部分的标注时间为 1505 年，晚于第二部分，第二部分的撰写时间为 1487 年至 1490 年。第一部分结构良好，浑然一体，在达·芬奇的手稿中，这样的秩序可以说是凤毛麟角。本手稿的主要内容与达·芬奇在几何学方面的兴趣有关，即体积测量学，也就是说“在不增加也不减少物质的前提下，从一种立体图形转化为另外一种……”在达·芬奇与卢卡·帕乔利之间友谊的发展进程中，他在几何学方面的兴趣发挥了至关重要的作用。第二部分内容则包含了他第一次栖居米兰时期的研究，尤其是水利工程方面的研究，绘有用于抽水的“阿基米德式螺旋抽水机”以及其他水利器械。

《福斯特手稿 II》

第一部分 63 页，第二部分 95 页，

9.5 厘米 ×7 厘米。

《福斯特手稿 II》和《福斯特手稿 I》一样，也包含了两部分，17 世纪的一次错误装订使其顺序颠倒。第一部分内容似乎是从 1497 年开始撰写，其中涉及了《最后的晚餐》，以及达·芬奇从建筑学角度对布拉曼特在圣玛利亚感恩教堂里面的作品进行的研究，还提及了他自己位于圣维托雷的葡萄庄园。在众多杰出的绘图中有一些是有关绳结的绘图（被誉为“芬奇结”），以及一些

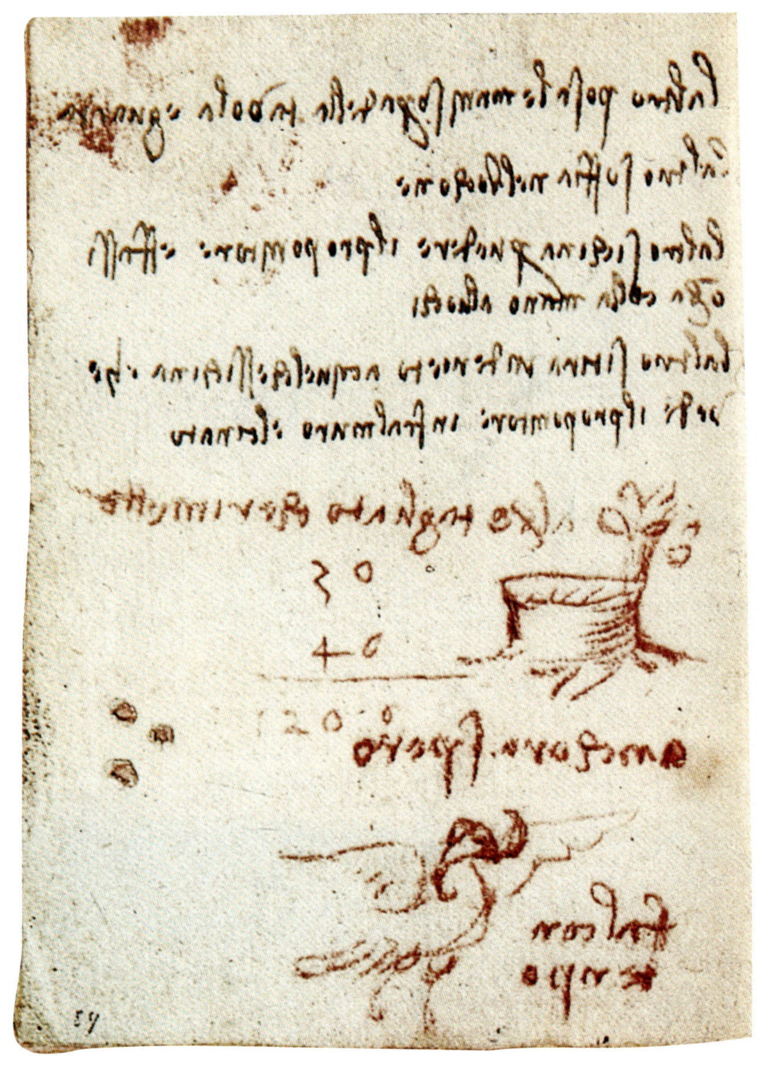

为《最后的晚餐》而写的笔记（约 1495）
象征性的画谜；猎鹰嘴里叼了一个时钟摆轮
《福斯特手稿 II》（63 页，右页）

为化装舞会准备的帽子、丝带和有关衣服的其他饰品绘图（约 1494）

《福斯特手稿 III》（8 页，左页；9 页，右页）

相互交缠的植物绘图。第二部分反而撰写于 1495 年。这部分手稿基本上可以认为是达·芬奇的一本练习册，反映了他对物理学矢志不渝的热爱。达·芬奇在其笔记中曾提及过一部他写的有关物理学理论方面的专著（现已丢失），而他关于这一专著的研究则展示在此部分书稿中。在众多令人生奇的资料中，有一项有关“埋葬卡泰丽娜”的花销记录，这里的卡泰丽娜可能是指达·芬奇的母亲。

《福斯特手稿III》

94 页，9 厘米 ×6 厘米。

这本手稿小册子多数是用红色铅笔写就，具有“草稿”的风格，他的笔记和各式的即兴素描随机分布于各手稿页，没有严格的秩序可言。该手稿大约收集了达·芬奇自 1493 年到 1496 年间的资料，内容主要涉及达·芬奇在“摩尔人”路德维克[1]宫中那几年广泛参与的活动。除此之外，该手稿中还有斯福尔扎纪念碑绘图和有关米兰市建筑及市区规划的研究，以及一些寓言、食谱、道德宣言、面具绘图和帽子绘图等。

---

① 摩尔人，路德维克·斯福尔扎的绰号，因为在孩提时代发肤皆黑，而获得“摩尔人”的诨名。——译者注

对水的研究及减缓水流的坡道绘图（约 1506—1508）
《哈默手稿》（22 页，右页，细节图）

美国

《哈默手稿》

西雅图，比尔·盖茨藏品

18 张双页，即 36 张单页，分左右页，29 厘米 ×22 厘米。

达·芬奇循序渐进地用墨水笔撰写此手稿，每次都先写满一个左右双页之后才开始写下一个双页，然后他会将新写好的双页插入已完成的部分中。这可能是因为他希望能够把这些纸张装订在一起，形成一本真正的书。如今，该手稿已被拆解，手稿页一如撰写之初，是零散的。手稿因其前任主人阿曼德·哈默而得名。美国人阿曼德·哈默于 1980 年在拍卖会上购得此手稿，手稿因而命名为《哈默手稿》。在此之前，此手稿为大家所熟知的名字为《莱斯特手稿》，也是沿用其主人托马斯·库克，即莱斯特伯爵的名字，他在 1717 年从画家朱塞佩·格济处购得此手稿。

我们继续向前一直追溯到 1537 年，找到手稿的第一位主人——古列尔莫·德拉·波尔塔，当时米兰的一位雕塑家。显然古列尔莫·德拉·波尔塔之所以拥有此手稿，是因为它并未由弗朗西斯科·梅尔兹所继承。电脑之王，美国人比尔·盖茨在 1994 年的拍卖会上将其收入囊中，成为其现任主人。达·芬奇在 1506 年至 1508 年撰写完成此手稿，之后增页延至 1510 年完成。该手稿的主题为对水的研究，既有对水流及漩涡的研究，也有以水流及漩涡为对象的绝妙绘图。天文学研究在此手稿中也占据了重要地位，主要是对太阳、地球和月亮的光照进行探究。

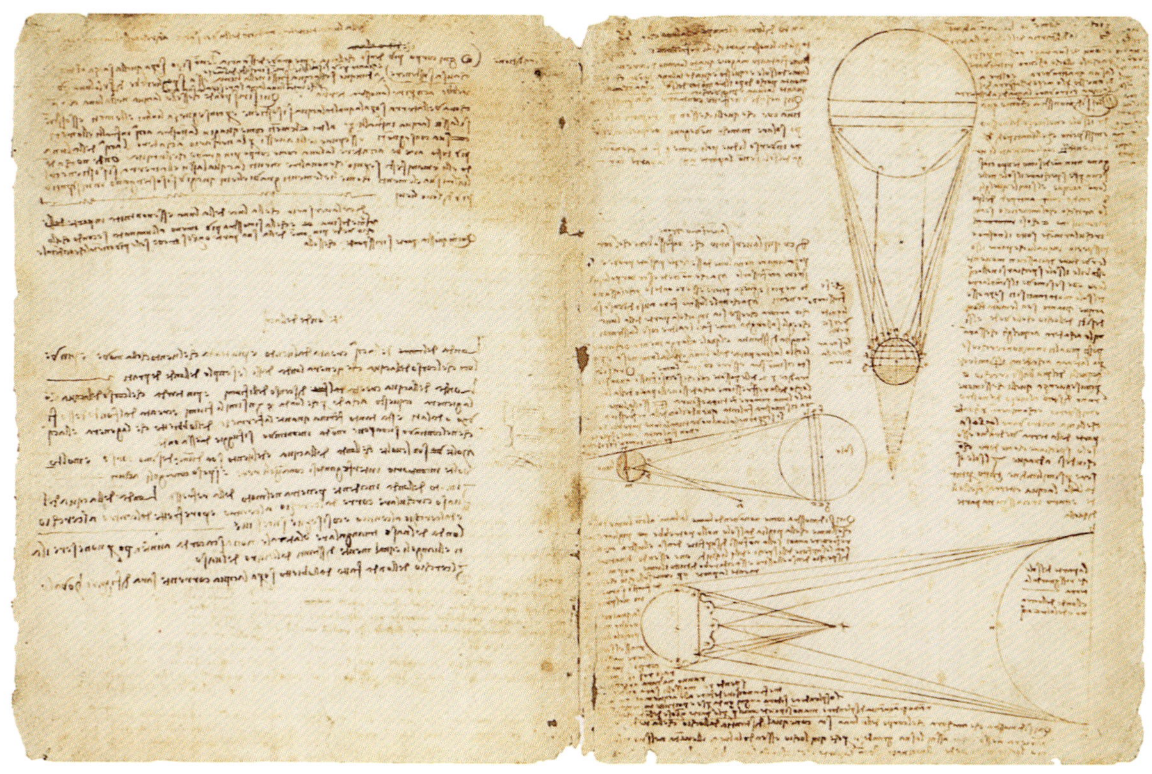

有关月亮的笔记页（太阳、地球和月球光线的绘图及笔记，约 1506—1508）
《哈默手稿》（36 页，左页；1 页，右页）

摇摆物的力与平衡力研究（约 1506—1508）
《哈默手稿》（8 页，右页，细节图）

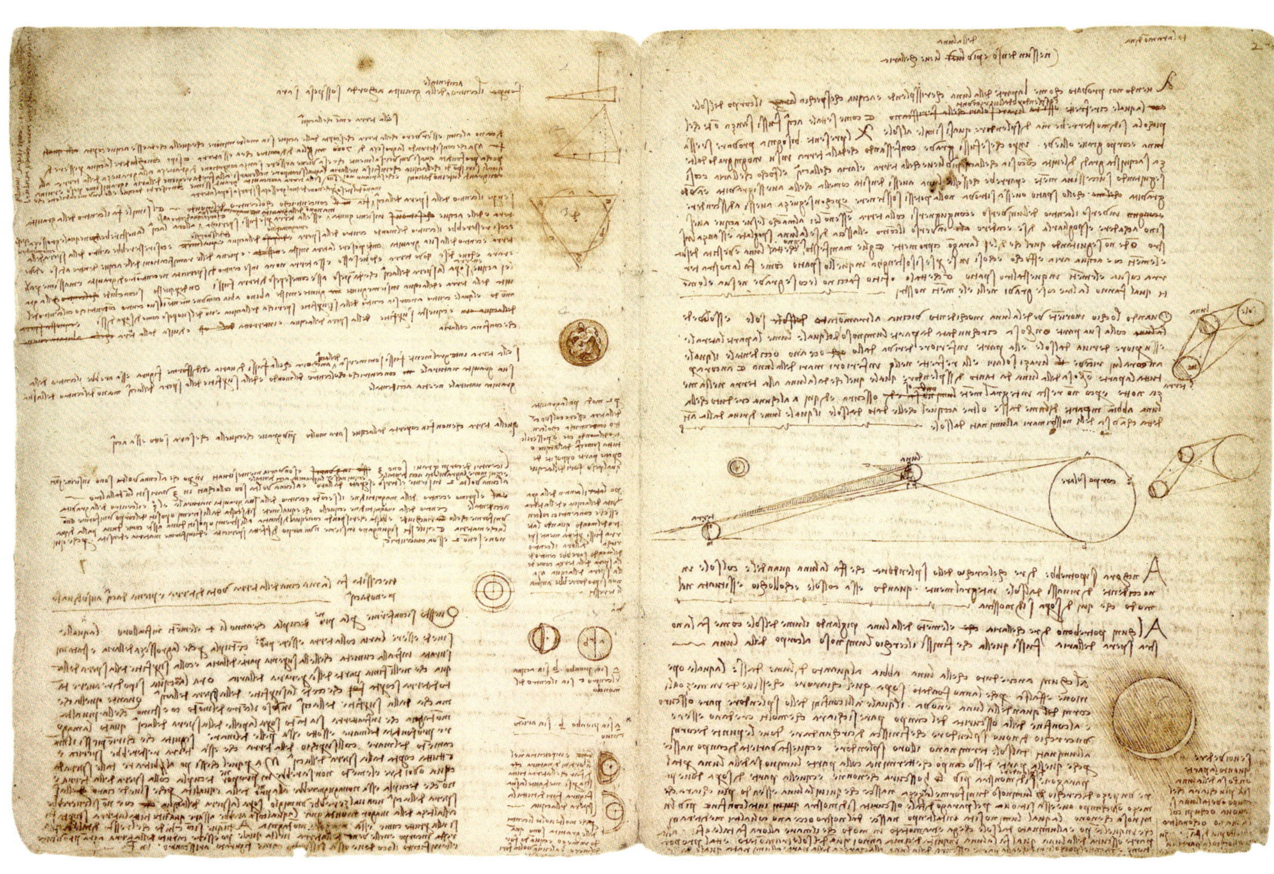

天文学研究（附有新月的“地球反照光”解释，约 1508）
《哈默手稿》（35 页，左页；2 页，右页）

为了研究连通器而进行的各种各样的虹吸管实验（约 1508）▶
《哈默手稿》（34 页，左页）

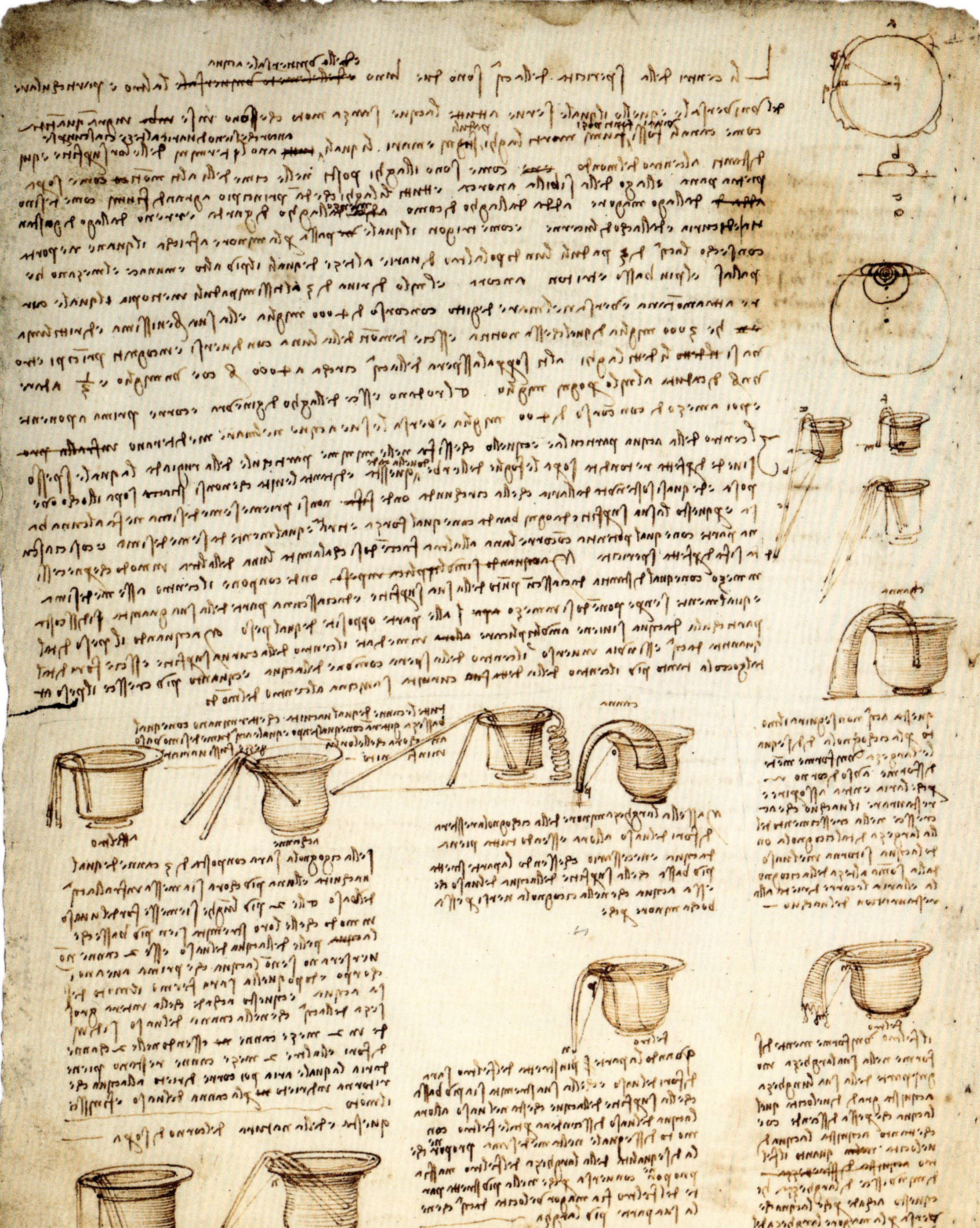

◀ **费隆妮叶夫人**（1495—1498）
细节图
巴黎，卢浮宫博物馆

1468—1499 早期训练和成就

天资聪颖的学徒

1468年，16岁的达·芬奇来到佛罗伦萨。父亲瑟·皮耶罗成了大权在握的美第奇家族里的公证员，这一职位无疑可为儿子的事业助一臂之力。一年后，即1469年，美第奇家族赫赫有名的“豪华者”洛伦佐开始执掌政权。据说，达·芬奇和父亲以及年轻的继母住的第一幢房子就在德·贡迪路上，与领主宫相距不远，瑟·皮耶罗是在1469年搬到那里的。当时，佛罗伦萨行会林立，而领主宫则属于商人行会。后来，从1490年开始，贡迪家族委托朱利亚诺·达·桑加罗修建新宫。

从奥利韦托山俯瞰的半全景图（1887）
弗朗西斯科和拉斐尔·彼得里尼
佛罗伦萨，历史地形博物馆
* 此图为弗朗西斯科·迪·雅格布·罗塞利的作品《链锁地图》（约1471—1482；柏林，铜版画陈列室）的复制品。

从奥利韦托山俯瞰的半全景图（1887）
弗朗西斯科和拉斐尔·彼得里尼
局部细节图，佛罗伦萨，历史地形博物馆
* 此图为弗朗西斯科·迪·雅格布·罗塞利的作品《链锁地图》（约 1471—1482；柏林，铜版画陈列室）的复制品。

达·芬奇第一次生活在佛罗伦萨时，这座城市的样貌可从彼得罗·德尔·马萨乔于 1469 年绘制的地图和大约在 1472 年完成的被称为《链锁地图》的地图上略知一二。15 世纪下半叶，这座托斯卡纳的首府城市生机勃勃、人口众多，呈现出一派欣欣向荣的气象。城中宏大建筑林立，既有辉煌宏伟的公共建筑，如领主宫和巴杰罗宫[①]，又有恢宏伟岸的教堂，如圣洛伦佐大教堂、圣十字教堂、新圣母玛利亚教堂、卡尔米内圣母大殿、圣灵大教堂和

① 又名巴杰罗国立美术馆。——译者注

佛罗伦萨地图（1469）
彼得罗·德尔·马萨乔

圣母百花大教堂，其中布鲁内莱斯基为圣母百花大教堂设计的著名穹顶刚刚完工。

浸润于这样的氛围中，豪门望族纷纷兴建精致典雅的宫室，这些建筑富丽堂皇，包括科西莫·德·美第奇委托米开罗佐于1444年在拉尔加路（今天的加富尔路）上修建的美第奇府邸和莱昂·巴蒂斯塔·阿尔伯蒂为鲁切拉家族设计的庭宅，以及富甲天下的卢卡·皮蒂当时正在修建的宫室。1468年，乌尔比诺公爵，即费德里科·达·蒙特费尔特罗曾到访米兰，途经佛罗伦萨。拉斐尔的父亲乔凡尼·桑蒂作为随行人员也因此来到佛罗伦萨。他的作品《押韵编年史》在谈及佛罗伦萨前途无量的青年才俊时提到了达·芬奇：“列奥纳多·达·芬奇和卓越的画师佩鲁西诺·皮耶尔·德拉·皮耶维（佩鲁吉诺），两名年轻人获得的地位和喜爱不相上下。”这充分证实了达·芬奇的艺术天分和他对绘画的热爱，而这种热爱正是这位天资聪颖的少年走进韦罗基奥画室的真正动机，尽管这一点至今仍未获证实。要知道，韦罗基奥是佛罗伦萨15世纪文艺复兴初期名扬内外的大师，受到包括美第奇家族等在内的显赫主顾的高度推崇。

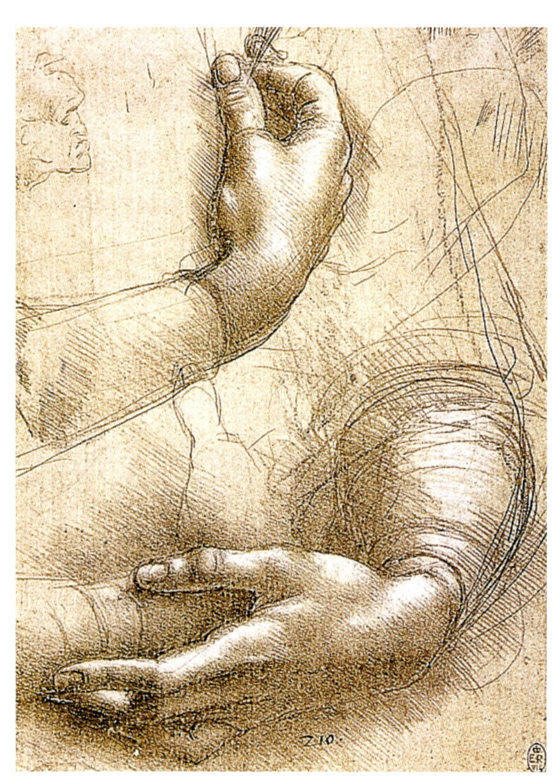

手部习作（1475—1480）
《温莎手稿》

人们通常认为达·芬奇是在1469年进入了韦罗基奥的工作坊。依据瓦萨里在《意大利艺苑名人传》中的记述，这事是由瑟·皮耶罗主动促成的："有一天他把儿子（达·芬奇）的作品带给好友安德烈亚·德尔·韦罗基奥，并急切地请他明示达·芬奇学习绘画能否有前途。这些出众的早期作品震惊了安德烈亚，他敦促瑟·皮耶罗让儿子学习绘画，于是皮耶罗就安排达·芬奇进入了安德烈亚的画室，达·芬奇对此非常高兴。他不仅修习绘画，也研习与绘画相关的其他知识。达·芬奇的智力非凡卓越，他具有丰富的几何学知识，而他不仅将之用于雕塑，还用于建筑。在少年时期，他就利用石膏翻模工艺用黏土制作了一些畅笑的女子头像和类似丘比特天使的头像，作品仿若出自大师之手。在建筑方面，他完成了一幅又一幅的平面图和其他建筑物图纸；年轻的他还是提议修改阿诺河河道的第一人；此外，他还画图设计碾磨器、加料机和其他水力驱动设备。由于将以绘画为业，所以达·芬奇对之潜心钻研，从生活中汲取素材，有时也借助模型或泥塑人像。他先以在石膏中浸过的柔软旧布包裹泥塑，然后用笔尖耐心地在质地优良的兰斯帆布或在旧的亚麻画布上进行黑白素描，画风令人叹服。"在这段文字里，瓦萨里显然重点强调了达·芬奇进入大名鼎鼎的韦罗基奥画室后扑面而来的丰富体验和这位"神童"的卓越才能，这份天赋在与丰富的传统绘画技巧相遇后，才能得到进一步发展和最充分的展示。

"豪华者"洛伦佐半身像（约1492）▶
来自安德烈亚·德尔·韦罗基奥师徒
华盛顿，国家艺术馆

大卫（约1465）▶
安德烈亚·德尔·韦罗基奥
佛罗伦萨，巴杰罗国立美术馆

15世纪佛罗伦萨艺术家的工作坊

安德烈亚·德尔·韦罗基奥的工作坊是15世纪佛罗伦萨类似工作坊中的典范。文艺复兴时期的工作坊不仅是艺术家接受训练的地方，还是一项利润丰厚的生意。在工作坊，许多学生在已获盛名的大师的指导下，夜以继日地制作出复杂的作品，如一组组大型壁画和种类繁多的其他作品。学徒进入工作坊的年纪通常很小——在十岁左右。他们在拜师后的第一年，学习基础的技术知识。学徒在最初几乎只修习素描、银尖笔画法、在白纸上用墨水作画或运用蛋彩画技巧上色作画。教学不注重理论知识，而是强调实践技能的习得，目的是让学徒在尽可能短的时间内就可以成为老师的得力助手。典型的工作坊不会专注于某一具体的艺术领域，而是帮助学徒娴熟地掌握多种技巧——速写、素描、蚀刻版画、雕塑和金工技术。在1470年左右，韦罗基奥的工作坊可能也是他的住所，位于戴尔·阿尼奥洛路和今天的德·马奇路的交叉口处。达·芬奇的同伴，许多日后也均声名显赫，包括波提切利、佩鲁吉诺、洛伦佐·迪·克雷蒂和多梅尼科·基尔兰达约。基尔兰达约后来和他的兄弟达维德开办了另一个著名的工作坊，年轻的米开朗琪罗1488年曾在那里学习。

天使的头像

都灵，皇家图书馆

* 安德烈亚・德尔・韦罗基奥和达・芬奇为《耶稣受洗》(1473)所作的试画。

1476年，达・芬奇依然在韦罗基奥的工作坊中学习。他于1472年成为圣卢卡公会，即佛罗伦萨画家协会的注册会员，从而获得独立接受主顾委托的资格。目前我们知道，确定为达・芬奇完全独立完成的第一部作品是现藏于乌菲齐美术馆的一幅风景画，作品时间标注为1473年8月5日。在这幅画里，21岁的画家描绘了从芬奇镇附近的蒙塔巴诺坡上俯瞰阿诺河河谷的景象。在韦罗基奥的工作坊，达・芬奇可能还与老师有一些合作作品，不过这些作品都是委托给佛罗伦萨大师韦罗基奥的，所以报酬也全部直接付给了韦罗基奥。一些专家认为，他们合作的作品并不局限于《拉斯金圣母》、《底特律报喜》和《卡姆蒂里圣母》等绘画作品，韦罗基奥擅长的雕塑也留有达・芬奇的印迹。在雕塑领域，这位早慧少年甚至参与了名作《持花贵妇》和《大卫》(现均藏于巴杰罗国立美术馆)的创作。有观点认为，大卫身材瘦削，可能正是以青年时期的达・芬奇为原型而创作的。

◀ **耶稣受洗**(1473—1478)

安德烈亚・德尔・韦罗基奥和达・芬奇

细节图

佛罗伦萨，乌菲齐美术馆

油画《耶稣受洗》（现藏于乌菲齐美术馆）中的天使也被认为出自达·芬奇之手，该画最初是为佛罗伦萨的圣萨尔维教堂而作，时间为1473年至1478年。瓦萨里在记述的逸闻中认为，由于这位小天使，韦罗基奥在年轻的学徒面前只能自叹弗如，没有继续参与《耶稣受洗》的绘画——“一个年轻人比他懂得还多，他感到愤懑，从此以后再也不想与色彩打交道”。1478年，在威尼斯埋头设计领袖巴托洛梅奥·科莱奥尼纪念碑的韦罗基奥可能又给达·芬奇和洛伦佐·迪·克雷蒂交付了另一项任务，即完成皮斯托亚大教堂圣坛上的祭坛画。描绘“天使报喜”的祭坛附饰画（现藏卢浮宫）中，也有一部分被认为是达·芬奇所作。

需要谨记的是，能够完全归于达·芬奇名下而不受质疑的画作并不多。这名卓越的艺术家最先受到质疑的作品是具有鲜明的韦罗基奥风格的画作，如《持花少女》、《柏诺瓦的圣母》和失传的《圣母与猫》，藏于华盛顿国家艺术馆的《抱婴圣母》也尚无定论，作者到底是达·芬奇还是洛伦佐·迪·克雷蒂，评论家意见不一。

耶稣受洗（1473—1478）
安德烈亚·德尔·韦罗基奥和达·芬奇
佛罗伦萨，乌菲齐美术馆

持花少女（1478—1481）▶
慕尼黑，老绘画陈列馆

《吉内薇拉·班琪》被截取的画像（约 1475）▶
华盛顿，国家艺术馆

持花贵妇（约 1475）
安德烈亚·德尔·韦罗基奥
佛罗伦萨，巴杰罗国立美术馆

受到质疑的还有他在佛罗伦萨时期的第一幅，同时也是唯一的一幅肖像画《吉内薇拉·班琪》，该作可能从 1475 年左右开始创作。同他的其他作品一样，这幅也是半身像，令人想起韦罗基奥所作的半身雕像，尤其是那尊被称作《持花贵妇》或《有美丽双手的女人》的雕像。可是在达·芬奇的画中，只看到人物，没有刻画双手这一细节，而手在韦罗基奥的雕塑中举足轻重。但在画的背面，这名佛罗伦萨贵妇残缺的徽章表明，作品的底部曾被裁切，而且缺失部分应该非常大，足以容纳韦罗基奥雕塑中的胳膊和双手。

作品背景中茂盛的杜松树篱（意大利语为 ginepro）具有象征意义，暗指画中模特吉内薇拉（Ginevra）的名字。达·芬奇一生中大量的速写和素描画中都表现出他对植物世界的精心研究，本画中对杜松的精细刻画已经使他卓然出群。

“豪华者”洛伦佐统治下的佛罗伦萨

洛伦佐·德·美第奇的画像（1483—1485）
《大西洋手稿》

1469年洛伦佐·德·美第奇成为佛罗伦萨大公。由于其卓越的政治、外交才能和对艺术的慷慨资助，人们尊称他为“豪华者”，这些品质也使他成为15世纪佛罗伦萨的真正象征，更广义地讲，甚至是整个意大利文艺复兴的象征。洛伦佐生于1449年，父亲是皮耶罗·德·美第奇，母亲是鲁克雷齐娅·托尔纳布尼。美第奇王朝的奠基人科西莫一世是他的祖父。由于父亲英年早逝，年轻的洛伦佐刚刚20岁就执掌了政权。父亲留给他的内政局势尚未完全稳固，1478年发生的“帕齐阴谋”就是一例——在此次阴谋中，他的弟弟朱利亚诺遭到暗杀——但毋庸置疑，美第奇政权的稳固显然已是大势所趋。在意大利一向分崩离析的政治格局中，“豪华者”统治的时期是太平盛世，这要得益于其主张并贯彻的权力制衡原则，而他也由此被称为“意大利政治天平上的指针”。此外，洛伦佐的存在也使得意大利在其有生之年免受外来干涉的威胁。在洛伦佐·德·美第奇统治下，佛罗伦萨进入辉煌的巅峰时期，成为意大利文艺复兴的摇篮和向八方扩散的新兴文明的发源地。洛伦佐本人就是诗人、学者和收藏家，在达·芬奇和后来米开朗琪罗经常光临的著名的圣马可花园中，他藏有许多珍品和古代雕塑。他热衷于推动艺术和文化事业。在他宫廷中生活和工作过的人不仅包括当时伟大的艺术家，如波提切利、波拉伊奥罗、韦罗基奥、基尔兰达约、年轻的达·芬奇和更为年幼的米开朗琪罗等，还包括许多作家和哲学家，如路易吉·浦尔契、波利齐亚诺、马尔西利奥·费奇诺、克里斯托弗·兰迪诺和皮克·德拉·米兰多拉等。

《圣母与猫》习作（1480—1483）
取材自生活
佛罗伦萨，乌菲齐美术馆，素描和版画展室

《圣母与猫》习作（1478—1480）
伦敦，大英博物馆

柏诺瓦的圣母（1478—1480）
圣彼得堡，艾尔米塔什博物馆

达·芬奇青年时期的杰作《天使报喜》现藏于乌菲齐美术馆。这幅画作的主题是当时托斯卡纳画派的传统主题，从西莫奈·马丁尼到弗拉·安杰利科再到波拉伊奥罗，每个人的作品都对其有过清楚的呈现。但是，场景的空间安排使得达·芬奇的作品成为一幅尺寸巨大的祭坛附饰画，而不是传统意义上的祭坛装饰画。画中技巧方面的不足之处暗示它有可能始作于15世纪70年代初期。不过基于它与卢浮宫中的《天使报喜》风格极为相似这一特征，乌菲齐美术馆的这幅藏品现在被标注的时间是1478年。事实上，达·芬奇可能在这幅画作上花费了数年时间，因此它也成为他在韦罗基奥画室所学技巧的集大成之作。

天使报喜（1475—1480）
全图与细节图
佛罗伦萨，乌菲齐美术馆

乌菲齐美术馆的《天使报喜》中最大的一个失误出现在对圣母玛利亚右臂的透视角度上，她距离诵经台颇远，从她所处的位置判断，她的手不可能触及诵经台上的书。但不管怎么说，在这幅广受赞誉的作品中，人物的美感与整体的和谐使人们几乎注意不到其零星的错误。达·芬奇在佛罗伦萨期间的巅峰之作《三博士来朝》，现藏于乌菲齐美术馆。这幅画是为佛罗伦萨附近的圣多纳托修道院而作的。1481 年，达·芬奇的父亲瑟·皮耶罗·达·芬奇曾是那里的公证员，也是在同年，达·芬奇接受了此项委托。但在 1482 年，达·芬奇在作品尚未完成时就离开佛罗伦萨去了米兰，圣多纳托修道院的修士们只好求助于另一位画家。修道院在苦等 15 年之久后，终于可以用彻底完工的祭坛台座装饰画《三博士来朝》来装饰教堂了。作品最终是由菲利皮诺·利比完成的，他在达·芬奇草图的基础上，以比较传统的方式进一步展开。

天使报喜（1478）
巴黎，卢浮宫博物馆

天使报喜（1475—1480）
细节图
佛罗伦萨，乌菲齐美术馆

三博士来朝（1496）
菲利皮诺·利比
佛罗伦萨
乌菲齐美术馆

无论是在达·芬奇之前还是在当时，“三博士来朝”都是托斯卡纳传统艺术中另一个常见的主题。但达·芬奇在有了丰富的绘画经历及长期积淀后，显然对其有所创新。他独出心裁地把场景设置在户外，耶稣降生的小屋没有画在中间，而是极其偏右，并且只能看见一部分，牛和驴子也是同样的设计。画中人物都围绕着构图的中心人物圣母进行布局，他们兴奋的举止为整个画面营造出一种动态的张力，人们认为这种张力已经转化为从一个中心点向外推展开来的一种心理动态，后来作于米兰的《最后的晚餐》也呈现出这一显著特征。

三博士来朝（1481）
佛罗伦萨，乌菲齐美术馆

三博士来朝（1481）
细节图
佛罗伦萨，乌菲齐美术馆

为《三博士来朝》的背景而作的透视图的试画（约 1480）

佛罗伦萨，乌菲齐美术馆，素描和版画展室

达·芬奇《三博士来朝》中的透视视角将观看者的目光引向一个逐渐消失的点，这个点不在中心，而是在右上角的两棵树之间——一棵是代表胜利的月桂树，另一棵是代表殉道的棕榈树。有评论认为，达·芬奇运用的这一手法类似早期的电影技巧，有点像从右到左移动镜头，不过这种移动是在想象中完成的，其目的是暗示刚刚发生的事件——基督的诞生，并由此把该事件短暂性地融入另一重大事件中，即耶稣向世人显现，而且效果非常理想。如果这一观点属实，那个位于右后侧前景中向画外望去的人或许可以看作这一创作的“导演”——达·芬奇的自画像。

最后再说一点，在《三博士来朝》的众多创新点中，对解剖的关注已经清晰可见，这也是其后来最鲜明的特色。在塑造单个人物时，达·芬奇充分利用底色进行绘制，使清晰、明亮的色块从褐色的阴影中凸显出来。

圣杰罗姆（1480—1482）▶
梵蒂冈城，梵蒂冈画廊

在他的另一幅同期作品《圣杰罗姆》中，达·芬奇也同样，甚至更加关注人体解剖学，但这也是一部未竟之作，现藏于梵蒂冈画廊。画中圣者的身体简直就是30年后，也就是1510年左右的解剖模型的先例，但是“技巧”研究在这位隐者雕像般的形象中获得了生命的灵气，成为这一优秀艺术形象的肌肉与血液。历史上，这幅画作命运多舛。拿破仑的一位舅舅——红衣主教费什——是它众多收藏者中的一位。他是从一名旧衣物经销商手里购到这幅画的，当时还缺少圣杰罗姆的头部形象，店主一直用它来当箱子的盖布。据说缺失部分是在一家鞋匠铺里找到的，鞋匠一直拿它当凳子座面。

这些达·芬奇青年时期的作品已经明显地表现出他对解剖学的兴趣。后来在米兰时，这一兴趣通过一系列的重要研究获得了充分且自主的发展，它也引发了人们对以下问题的思考：达·芬奇何以能具有如此兼容并蓄的个性，他的研究兴趣又如何能做到包罗万象、齐头并进，并和谐共存呢？

作为一名兼容并蓄的天才，达·芬奇在某些方面与意大利文艺复兴时期的其他杰出人物难分伯仲，如莱昂·巴蒂斯塔·阿尔伯蒂、米开朗琪罗和拉斐尔。但是在他的研究中，学科交叉性表现得更为突出，学科间也更加融会贯通。事实上他在不同知识领域开展的研究，彼此间的联系更加紧密，常常互有映射。例如，他对解剖学、光学，甚至植物学的研究直接影响了他的艺术创作。在他的画作中，对人体和构图的结构要素的描绘，甚至对植物的呈现都不只是在审美意义上具有艺术的重要性，也不只是满足于其在和谐与美感方面卓尔不群的标准——尤其是考虑到佛罗伦萨正处于费奇诺的新柏拉图主义盛行的背景下——它还反映出他看待世界的“科学”方式。这一观点得到了达·芬奇本人的证实，他宣称绘画是“有哲学性的”，用当时的话讲，就是“科学的”。这表明，对于达·芬奇来说，艺术提供了一种可能的方式用以解读和忠实传达这个可感知的世界，只是这一方式分外引人入胜，也极其细致入微。

达·芬奇在佛罗伦萨当学徒时，肯定是主攻绘画和雕塑，但众所周知，该画室所涉技能包罗万象，所以让学生实践一下雕刻艺术或学习点儿焊接和金属铸造等技艺也在情理之中。对于达·芬奇而言，这可能是最初促发他对技术产生兴趣的原因，尤其是考虑到韦罗基奥于1469年被委以重任，为布鲁内莱斯基所设计修建的大教堂穹顶顶端制作一个镀金圆球，而人们通常认为这一年正是这位年轻的艺术家走进这位佛罗伦萨大师画室的时间。

因此达·芬奇参与这项工作也不是不可能，至少可以确定他能够目睹工作过程，而且在多年后，也就是1515年，他还对此记忆犹新：“(我)记得把球焊接到圣母百花大教堂的焊缝。”球体是在1470年被安放上去的，甚至很可能就是制作球体、把球体上升到穹顶顶部所涉及的技术问题引发了他对计算和几何的兴趣。或许也是同样的经历激发了韦罗基奥的这位年轻学生对布鲁内莱斯基在教堂工地所用机器的好奇心。这一点可以从达·芬奇最早的手稿中看出。这些手稿大约作于15世纪70年代中期，其中就有布鲁内莱斯基的机器装置的绘图。这些绘图和一些几何图形似乎也由此成为表明达·芬奇视野日渐开阔的最早证据。达·芬奇早期曾接触过布鲁内莱斯基的技术和发明，此观点在近期乌菲齐美术馆素描和版画展室发现的一张手稿中得到进一步证实。展室中藏有由16世纪的一位无名艺术家流传下来的一些达·芬奇画图的临摹图，而达·芬奇的原图大多已丢失。其中一幅小船绘图令人想起传说中的“巴达洛尼号”，这艘船由布鲁内莱斯基发明，并申请了专利，其作用是在阿诺河上运输大理石，因为当时布鲁内莱斯基正在修建圣母百花大教堂的穹顶。“巴达洛尼号”在恩波利附近的浅滩上搁浅时，可能被生活在芬奇镇附近的达·芬奇亲眼看见过。毫无疑问，对一位渴望知识与冒险的少年来说，这当然会激发他疯狂的想象力。

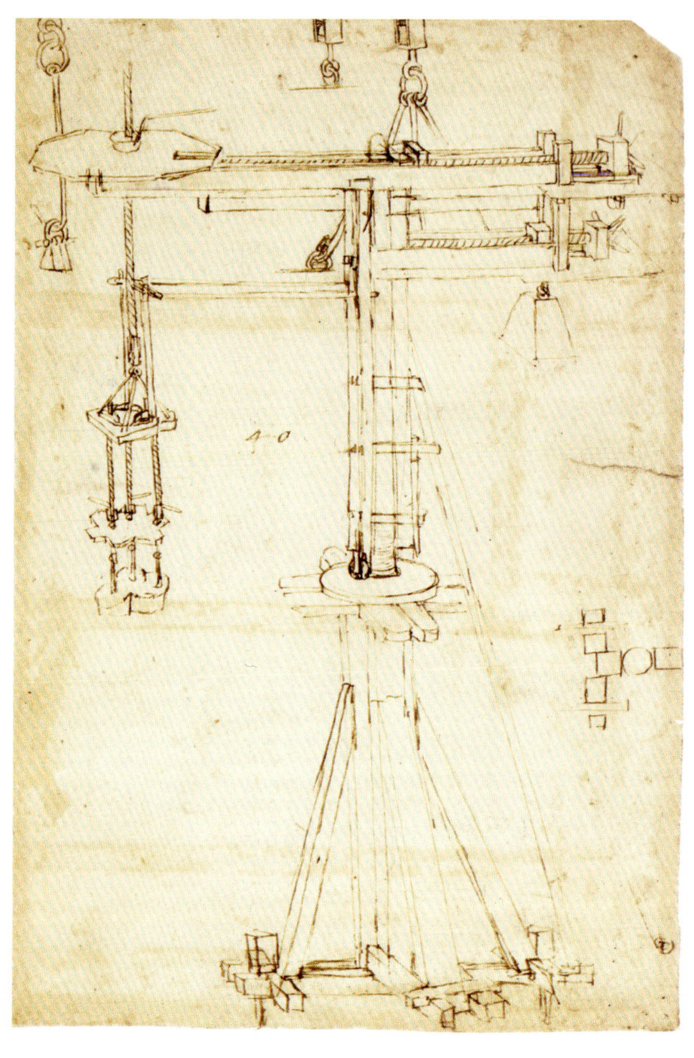

回转起重机(约1478—1480)
《大西洋手稿》(965页，右页)

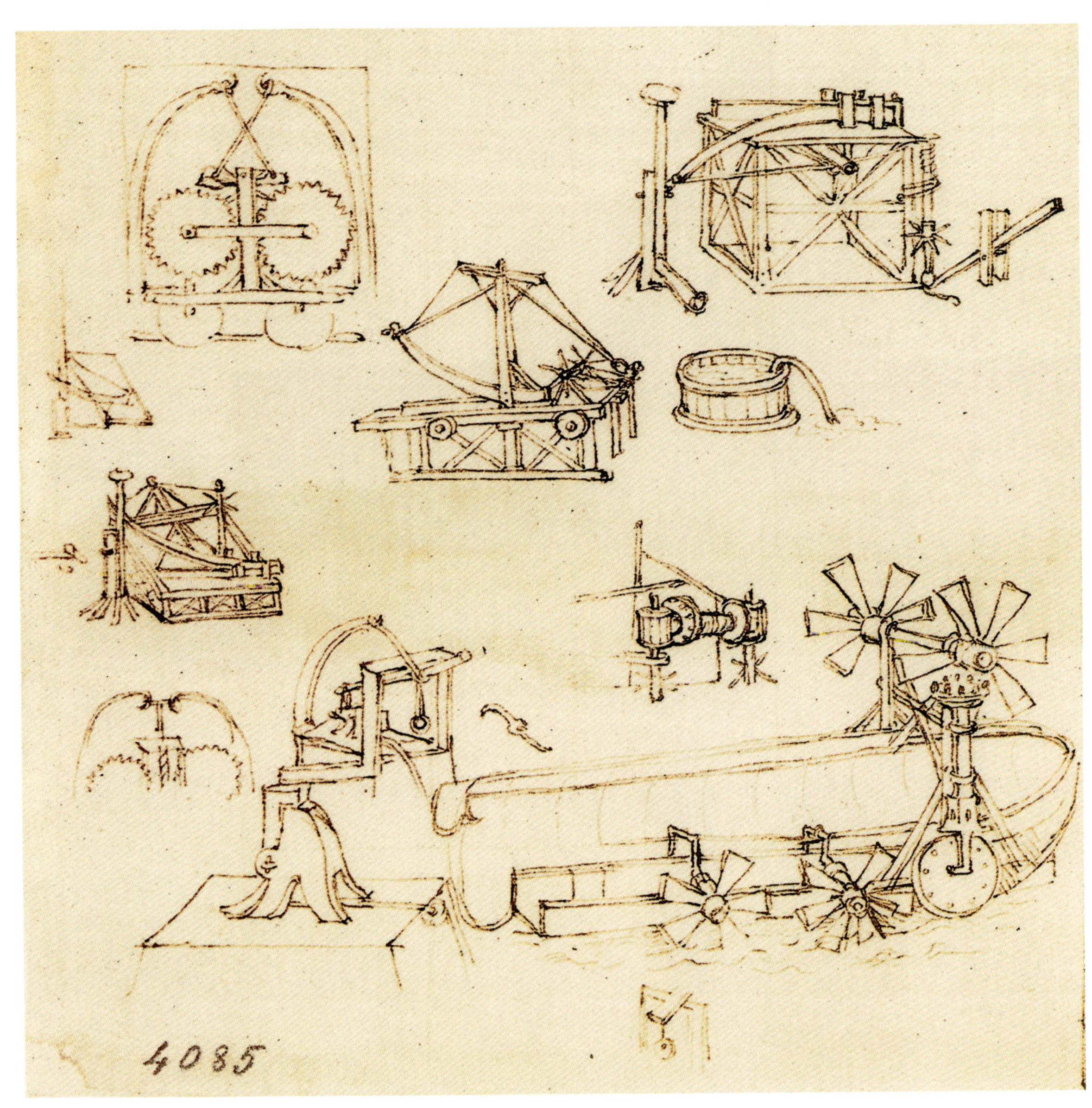

风叶驱动的船只（约 1530）
佛罗伦萨，乌菲齐美术馆，素描和版画展室
* 达·芬奇原稿已丢失，此为摹本。

斯福尔扎城堡
正面细节
米兰

米兰和斯福尔扎宫廷

如前所述，达·芬奇于1482年离开佛罗伦萨去往米兰。在亚诺尼莫·卡迪亚诺看来，他去伦巴第首府米兰是为了完成洛伦佐·德·美第奇交付他的文化外交任务。洛伦佐为了与被称为“摩尔人”的米兰公爵路德维克·斯福尔扎修好，特派达·芬奇和音乐家阿塔兰塔·米格里欧罗提去赠送公爵一只马颅骨状的珍贵银质七弦琴。当时“豪华者”正力促以文化交流达到外交目的，因此他派遣了波提切利、佩鲁吉诺、基尔兰达约、皮耶罗·迪·科西莫等艺术家前去罗马为罗马教廷效力。在这一背景下，达·芬奇米兰之行似乎也成为“豪华者”文化外交的一部分。亚诺尼莫·卡迪亚诺写道：“（达·芬奇）30岁时被上文所说的‘豪华者’洛伦佐派去向米兰大公……赠送七弦琴，他本人的琴艺无人能及。”

上述最后一句引出了达·芬奇神奇的另一方面，再次证明了其兼收并蓄的才能：他不仅身兼音乐家和乐器发明家的身份，还扮演了与上述两种身份相关的另外一种角色，即一名庆典司仪，以今天的说法，就是娱乐节目的主持人。他多才多

岩间圣母（1508）
伦敦，国家美术馆

艺的天赋在组织节庆和宫廷表演时找到了用武之地。达·芬奇的这些兴趣爱好均反映在他的手稿中，手稿中有关于机械鼓、带键盘的管乐器和其他音乐设备的绘图，有对演出服装的研究，还有为了提高戏剧或音响效果而进行的有关自动装置和液压装置的研究。在斯福尔扎城堡天轴厅的装饰中还依稀可见这些设计的痕迹。

到达米兰之前，达·芬奇先给“摩尔人”写了一封信，信中列举了他自己认为可以被这位米兰大公路德维克所利用的诸多专长——竟然多达36项，真是令人叹服！他重点介绍了自己在军事工程和民用工程方面的能力，当然也谈到了自己的绘画和雕塑才能。由于米兰在当时是富庶时尚、充满活力的国都，达·芬奇很有可能把它视作发挥其不同领域才能的理想之地。整个15世纪，意大利各邦国之间战争时有发生。1482年，米兰在一次战争中与费拉拉结盟，这无疑使达·芬奇在军事领域的专长更受欢迎。事实上，在1499年米兰公国遭法王路易十二入侵之前，达·芬奇一直在伦巴第首府为“摩尔人”路德维克效力。为斯福尔扎家族工作期间，他领取固定薪水，并获赠了一个原属于圣维托雷修道院的葡萄庄园。该葡萄园一侧是波尔塔·范塞丽娜客栈，另一侧是圣安布洛乔大教堂的后门。

“摩尔人”路德维克统治时期的米兰

斯福尔扎祭坛画（15 世纪晚期）
伦巴第无名艺术家
“摩尔人”路德维克肖像的细节图
米兰，布雷拉画廊

被称为“摩尔人”的路德维克·斯福尔扎是弗朗西斯科·斯福尔扎和比安卡·玛利亚·维斯康蒂的第四个孩子。1476 年，加莱亚佐·玛利亚大公去世，公国的合法继承人是他的儿子吉安·加莱亚佐。但是路德维克，吉安·加莱亚佐的叔叔，开始阴谋篡权。

他设法使自己成为侄子的老师，并除掉了国务大臣奇科·西莫内塔及加莱亚佐的遗孀博纳·迪·萨沃依等危险的敌手，最终在 1480 年如愿以偿地篡权成功。

但是吉安·加莱亚佐虽然无能，他的妻子伊莎贝拉·德·阿拉贡却在叔叔那不勒斯国王的支持下，公然反对由路德维克掌握实权的政府。与那不勒斯王国不断升级的摩擦最终导致“摩尔人”于 1494 年提议法国国王查理八世进入意大利，法王声称自己有权继承阿拉贡的王位。然而向法王求援也为斯福尔扎王朝招来灭顶之灾——1499 年，法国新国王路易十二入侵并占领了米兰公国。“摩尔人”和他雄心勃勃的妻子贝亚特丽斯·德·埃斯特在富庶的首都米兰，在勤劳的人们中间，积极推动一种被人们称作“引进式”的文化，即为了增强宫廷的名望，起用众多来自其他地区的著名工程师，其中达·芬奇和布拉曼特名列首位。

天轴厅的绘画装饰（约 1498）▶
米兰，斯福尔扎城堡

岩间圣母（1483—1486）
全图和细节图
巴黎，卢浮宫博物馆

在米兰，达·芬奇与德·普雷迪斯兄弟俩一起住在波尔塔·提齐内塞门道附近。德·普雷迪斯兄弟负责为达·芬奇在米兰的处女作《岩间圣母》绘制侧板。

1483年达·芬奇接受无玷受孕协会的委托，为圣方济教堂（现已不复存在）作画。画中的人物有圣母、圣婴、婴孩施洗者约翰和表情无比温柔的天使；画的背景处岩石林立（画作因此而得名），丛丛林木点缀其间，在画家笔下，这些植物惟妙惟肖、栩栩如生，构成令人难以忘怀的画面。油画《岩间圣母》神秘莫测的人物构图和深奥难解的象征意义，毫无疑问是受了其委托方——无玷受孕协会神秘教条的影响，时至今日这些特征依然是人们所热议的主题。

达·芬奇在米兰最著名的画作是绘于圣玛利亚感恩教堂的湿壁画《最后的晚餐》，也采用了宗教主题。但在“摩尔人”路德维克宫中效力期间，这位天资绝佳的艺术家围绕俗世主题也创作了许多杰出的作品，他绝妙地刻画了斯福尔扎宫中的诸多显贵要人。

肖像画与“最后的晚餐”

《音乐家的肖像》大约作于1490年，通常认为其模特是米兰大教堂米兰唱诗班的指挥法朗基诺·加甫里奥。尽管雕塑般的形体呈现表明其仍深受托斯卡纳画风的影响，但从色彩、构图和均匀的暗色背景中则能看到经安东内洛·达·梅西纳之手调和的弗拉芒肖像画艺术的影响。画作的精妙之处在于对眼睛的刻画，这与达·芬奇严谨的研究密不可分，他描绘的眼睛目光炯炯有神，仿佛是“心灵的窗户”（这是达·芬奇的原话），构成整幅作品的焦点。

另有两幅女士的肖像画，即《抱银貂的女子》和《费隆妮叶夫人》，画中人物温文尔雅，同时又非常具有震撼力。这两幅画简洁有力的表现形式令人难以忘怀。在此，达·芬奇尝试了所谓的“肩部肖像”。通过各种对人体的动态和柔韧性的研究，达·芬奇对于如何绘制“肩部肖像”已经了然于心。“肩部肖像”的重要范例如今保存在《温莎手稿》里面，是一位女士的半身像。全方位观察的话，你会发现，它是从18个不同角度被刻画的。

音乐家的肖像（约1490）
全图和细节图
米兰，安布罗西亚纳画廊

抱银貂的女子（奇利娅·加莱拉尼的肖像画，1488—1490）
全图和细节图
克拉科夫，扎托里斯基博物馆

《抱银貂的女子》画的是米兰公爵的18岁情人奇利娅·加莱拉尼（Cecilia Gallerani）。女士怀中的银貂（希腊语为“galè”）暗指她的名字，这同在那幅佛罗伦萨女子的画像中用杜松树篱来指代吉内薇拉·班琪的情形如出一辙。但本画较之更胜一筹：这只小小的动物原本就被赋予了丰富的象征意义，传统上它也代表坦率和节制；最后，它还令人联想到“摩尔人”路德维克本人，因为宫廷诗人伯纳多·贝尔林西奥尼在1493年为这幅画作了一首十四行诗，其中一句为“黑皮肤的意大利人，白色的银貂”，其中“黑皮肤的意大利人”即指“摩尔人”路德维克。此外，那不勒斯国王曾授予“摩尔人”银貂勋章，这一崇高荣誉称号的授予时间为1488年到1490年间，可能也正是绘制这幅画的时间。

《费隆妮叶夫人》则是为“摩尔人”宠爱的另一位女性而作，人们推断她是鲁克雷齐娅·克里薇莉。她取代奇利娅·加莱拉尼赢得了公爵的喜爱。这幅画作于1495年至1498年间，但在18世纪却有了这个阴差阳错的名字。

费隆妮叶夫人（1495—1498）
巴黎，卢浮宫博物馆

当时人们认为画中的模特不是路德维克·斯福尔扎的情妇，而是法国国王弗朗索瓦一世的情妇。现在有些专家认为她是一位名叫费隆的人的妻子，有些则认为根据对“ferronnière”一词的直译可以推断出，她可能是一位从事铁业的商人的妻子[1]。令人奇怪的是，这幅画曾在 19 世纪早期掀起一股时尚潮流，即像达·芬奇画中这位美丽的模特那样，在额头上系一根中间系着宝石的链子（或丝带），这种链子还因此得名“费隆妮叶发带”。

但是，如前所述，达·芬奇第一次在米兰期间最重要也最著名的作品当属绘于圣玛利亚感恩教堂的《最后的晚餐》。这幅不朽的壁画大约开始于 1495 年，可以确定到 1498 年时已经完成，因为当时的数学家卢卡·帕乔利在著作《神圣比例》一书中曾给“摩尔人”路德维克写过一封献辞，其中曾提到此事。但是关于这幅画的起因，则缺乏切实可靠的参考资料。

为《最后的晚餐》而试画的巴多罗买[2]头部（约 1495）
《温莎手稿》

对《最后的晚餐》构图的试画（1493—1494）
威尼斯，美术学院画廊

① “ferro”在意大利语中表示“铁”“铁制品”的意思。——译者注

② 巴多罗买为耶稣的十二门徒之一，也称拿但业。——译者注

最后的晚餐（1495—1498）
全图和耶稣细节图
米兰，圣玛利亚感恩教堂

一方面，关于这一宏大工程的委托人及其背后的原因没有留下任何同期史料；另一方面，关于此画的初步研究资料也鲜有留存。就人物肖像而言，有趣的参考资料是在多年后的 1517 年被填补上的，由红衣主教路易斯·德·阿拉贡的秘书安东尼奥·德·贝提斯提供。他曾与达·芬奇在安布瓦斯见过面，并在会面次日宣称，大师向他透露《最后的晚餐》中的人物取材于斯福尔扎宫廷中的显贵达人和大街上的普通百姓，后一点也可从达·芬奇本人的部分笔记中得到证实。传统的圣徒传记，尤其是《新约》，无疑也是耶稣和使徒等人物的灵感源泉之一。

最后的晚餐（使徒马修的细节图）

最后的晚餐（1495—1498）
修复前后的细节图
米兰，圣玛利亚感恩教堂

此外，艺术家可能还充分运用了早年对相貌研究的知识（相貌研究与解剖学研究密切相关），以表达情感的幅度和层次，即著名的“心理动态”。《温莎手稿》中现存有一张《最后的晚餐》的草图，达·芬奇在草图下方写道：“你画人物时，要仔细考虑他是谁，以及你想让他做什么。”与《新约》叙述似乎完全相符的是场景的设置，事实上，在修道院餐厅的地面大幅抬高之前，这场景似乎是从一个6米高的角度来画的。依据《马可福音》和《路加福音》（14章15节和22章12节）中描述的房间，在公元1世纪典型的地中海地区建筑中，这通常是两层楼的高度。还应该牢记的一点是，达·芬奇一方面吸纳了先前的绘画传统——从塔德奥·加迪到安德烈亚·德尔·卡斯坦诺再到基尔兰达约，他都汲取了一些养分，但又摒弃了大多数画家在处理“最后的晚餐”这一主题时采用的人物构图，他拒绝把犹大隔离到宴会餐桌的另一边。事实上，这名背叛耶稣的门徒被画到了他的同伴中间。所有门徒都被分别安排到耶稣的两侧，每侧六名，然后又有规律地将其进一步分为三人一组。如此安排可能是受到多明我会的明确要求，因为圣玛利亚感恩教堂隶属于该修道会。多明我会教义的宗旨是自由意志。将犹大与其他人物一视同仁，把他塑造为一个可以在善恶之间有所选择，却主动选择恶的人。这样布局很可能也是为了阐明多明我会的这一思想。显然，多明我会认为，之前那样把有罪的犹大画在群体之外，将其塑造为一个默认了自己“命数”的人是错误的。对耶稣及其门徒的构图受多明我会思想的影响，这一观点似乎还可以从该修道会其他修道院的同题材画作中得到证实，例如佛罗伦萨圣马可修道院中弗拉·安杰利科在餐具柜上画的《最后的晚餐》。

最后的晚餐（1480）
多梅尼科·基尔兰达约
佛罗伦萨，诸圣修道院前身

由于《最后的晚餐》所使用的技巧——在潮湿的墙壁上先涂两层材料，然后运用蛋彩画技法，而不是采用“湿壁画技法”——和墙壁的湿气，作品很早就遭到损毁，画面模糊不清且难以修复。它的首次修复可以追溯到18世纪，最近一次彻底的清理工作则是在1978年至1999年间，修补了早已褪去的色彩和因年久脱落的细节。

画家在米兰首次停留期间的另一作品是《弗朗西斯科·斯福尔扎骑马雕塑》，原初的设计也同《最后的晚餐》一样气势恢宏，但最终却成为未竟之作。达·芬奇在规划工程时雄心勃勃，要求雕像高大宏伟，尺寸甚至超过同时代已经不同凡响的两大著名同类纪念碑——多那太罗在帕多瓦完成的《加塔梅拉特骑马像》和达·芬奇之前的老师韦罗基奥在威尼斯完成的《巴托洛梅奥·科莱奥尼骑马雕塑》。实际上，达·芬奇的骑马雕塑单单马匹就高达6米。艺术家在《弗朗西斯科·斯

《弗朗西斯科·斯福尔扎骑马雕塑》习作（约 1493）
《马德里手稿 II》（149 页，右页，细节图）

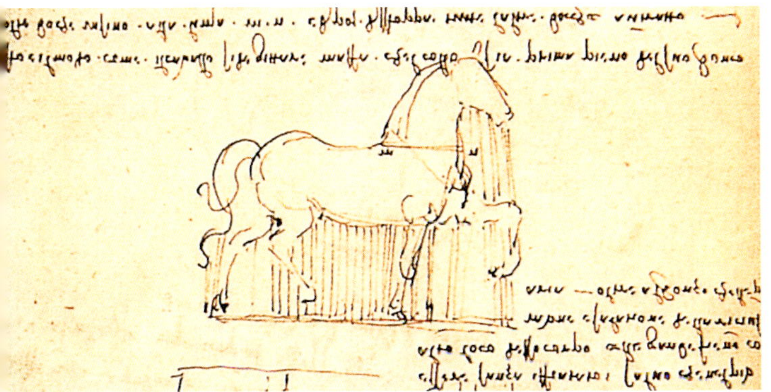

福尔扎骑马雕塑》上倾注了多年的心血，他先预制了与真马一般大小的黏土模型，并与数学家卢卡·帕乔利合作完成了青铜铸件所需的相应计算。但是 1499 年法国的入侵使得十年的努力毁于一旦。路易十二的军队摧毁了马的模型，同时，达·芬奇也离开了米兰重返佛罗伦萨。

截至目前，我们一直聚焦于这位托斯卡纳大师为“摩尔人”效力期间的艺术成就。但是达·芬奇在艺术领域的活动仅仅是他这些年成就中的沧海一粟。事实上，正如他在给公爵的信中保证的那样，这位 30 岁的来自托斯卡纳的全能人才注定要在斯福尔扎宫廷中担任多重角色，他的研究涉及当时诸多领域。

巴托洛梅奥·科莱奥尼骑马雕塑（1479）
安德烈亚·德尔·韦罗基奥
威尼斯，圣若望及保禄堂

腾空的骏马和骑手踩踏倒地的敌人习作（约1490）
《温莎手稿》

骏马上的海神（约1504）
《温莎手稿》

“男性之恋”：达·芬奇与同性恋

1476年，达·芬奇师从韦罗基奥时，曾因鸡奸罪受审，但最后被无罪释放。之所以提及这段经历是为了引出下面的论题，即人们认为达·芬奇有同性恋取向，这是长久以来一直被回避也常常被否认的话题。弗洛伊德1910年在关于达·芬奇的一篇文章中指出了这一观点。这名维也纳医生运用当时盛行的心理分析方法，认为来自芬奇镇的大师显然有多种性取向，而这种取向可以追溯到艺术家的婴幼儿时期。达·芬奇的同性恋取向在另一本更早的作品《梦之书》中也曾被明确提到过，该书大约写于1560年，离画家去世仅仅40年左右，作者是伦巴第的画家和理论家乔万·保罗·洛马佐。在这部诗情澎湃的小说中，达·芬奇本人谈及了他同沙莱不同寻常的关系，对这位学生，他这样写道：“对他（沙莱）的爱要超过生命中所有与其不同的人。”随后，他又就“男性之恋”发表了长篇大论，对同性恋充满溢美之词，其中不乏典型事例和淫亵之语，简直就是一篇论文。在《梦之书》中达·芬奇还声称佛罗伦萨一定程度上鸡奸“盛行”，并含沙射影地提到他在韦罗基奥工作坊中幼小的同伴佩鲁吉诺。乔凡尼·桑蒂（拉斐尔的父亲）大约作于1488年的作品《押韵编年史》中，也提到两位学徒达·芬奇和佩鲁吉诺：“两名年轻人获得的地位和喜爱不相上下。”①

三博士来朝（1481）
细节图
佛罗伦萨，乌菲齐美术馆
* 画中的年轻人可能是达·芬奇30岁时的自画像。

---

① 本句话也可以翻译为：“两名地位相当、相互爱慕的年轻人”。——译者注

研究拉力时应用到的几何比例（约 1487—1490）
《大西洋手稿》(561 页，右页)

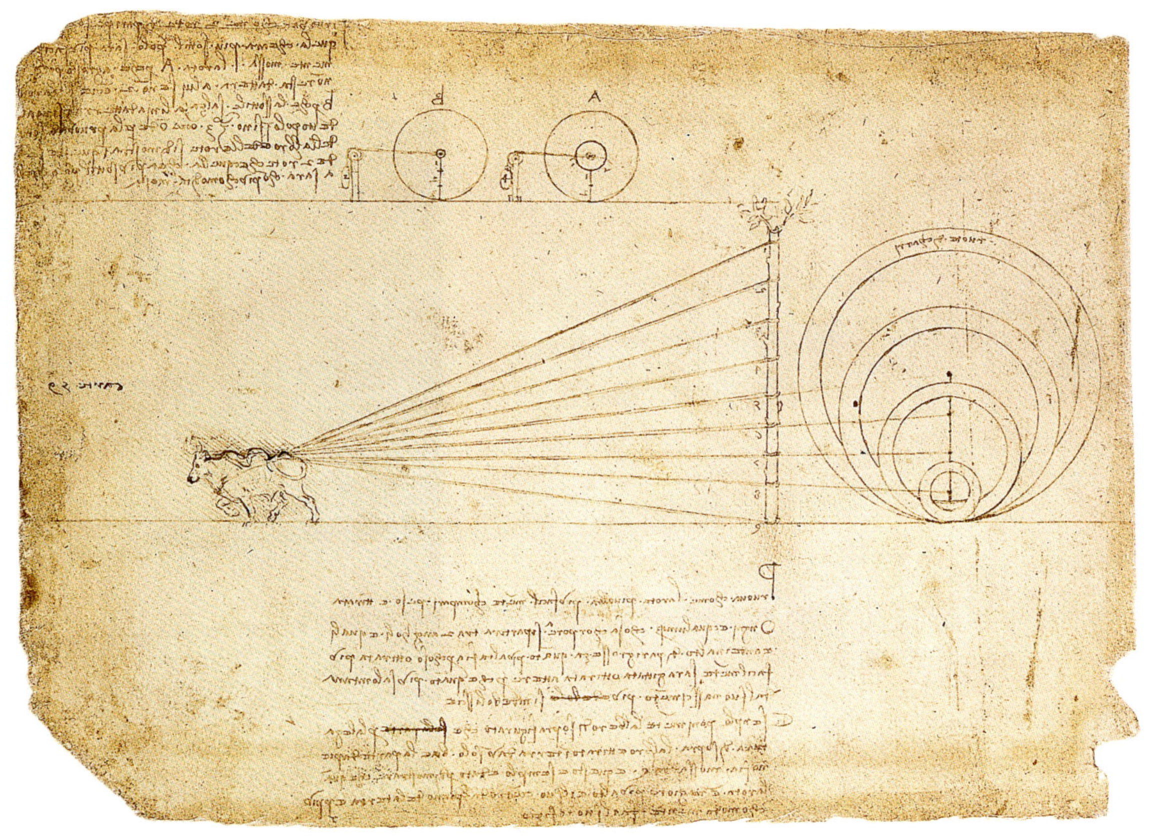

工程和建筑作品

达·芬奇的本职工作之一是担任公爵的工程师。他以此身份参与了民用建筑项目、军事建筑项目和“领土之上”的其他问题，不过他在这些领域的职责可能仅仅是提供咨询与参考意见，因为他具体在实践中可能取得过何种成就，现在已无从知晓。达·芬奇最早在建筑领域的研究可以追溯到他在米兰的时期。事实上，他年轻时参与的工程只能在瓦萨里的作品中找到些许痕迹：在他的记载中，有项工程是要把佛罗伦萨浸礼堂升高，放到一个多边形基座上，但是该工程并未付诸实践。1488 年到 1490 年间，达·芬奇还为米兰大教堂绘制了灯笼式天窗的草图。还有一系列关于圆形教

教堂习作（附有中央平面图，1487—1489）
《手稿 B》（95 页，右页）

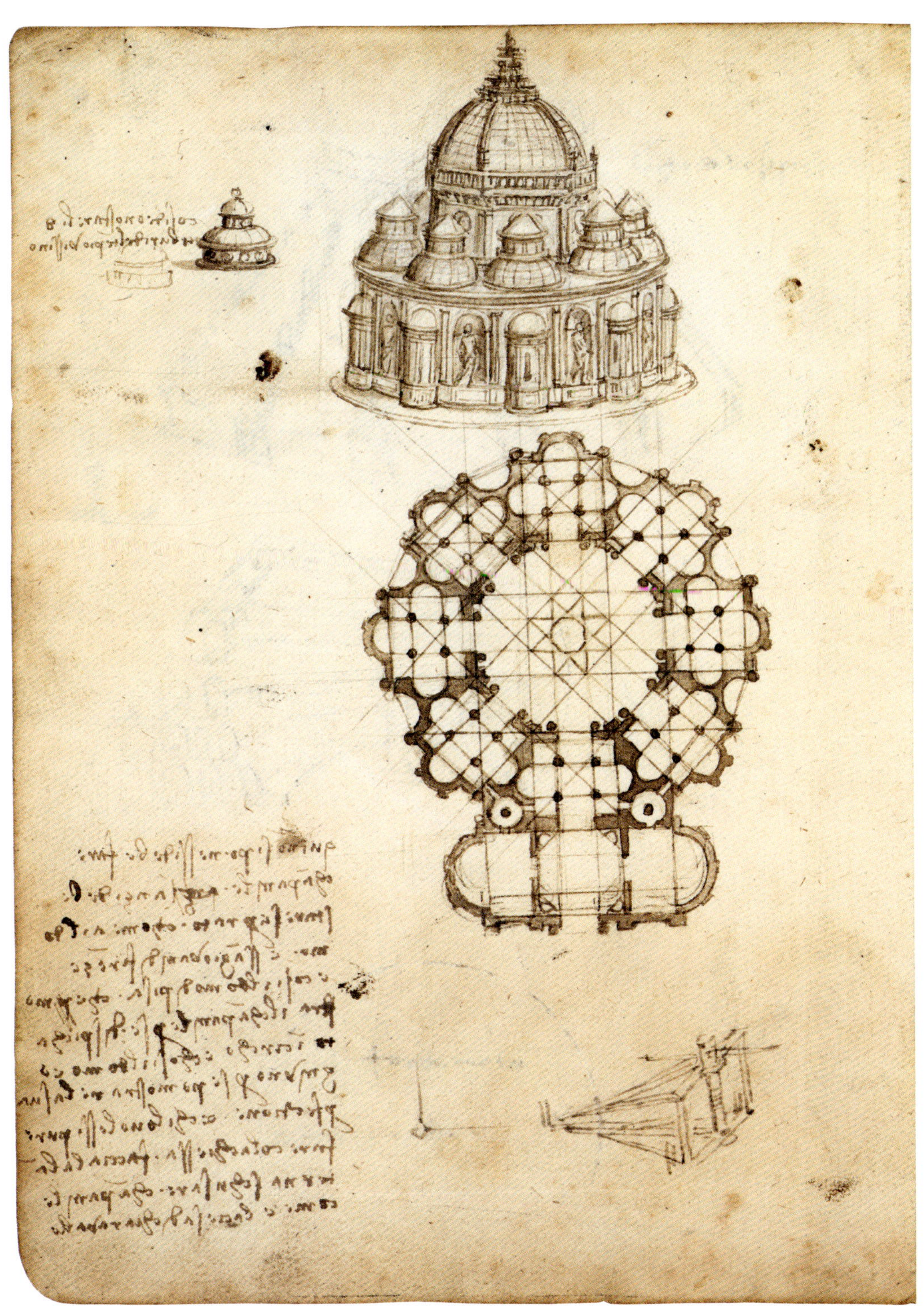

堂布局的建议和思考，可能附在这些草图上。由于布拉曼特和朱利亚诺·达·桑加罗这些经验丰富的伟大建筑师当时也在伦巴第首府工作，达·芬奇与他们的讨论可能影响到了他上述的建议和思考。就在同一时期，达·芬奇还研发了军事建筑模型，例如米兰、维杰瓦诺和帕维亚的防御工事，它们在一定程度上都受到当时最伟大的军事建筑师弗朗西斯科·迪·乔治·马丁尼的影响。

如前所述，这些研究的实践成果已无从知晓，但可以确定的是，设计这些建筑模型为他研究其他领域开拓了道路。尽管达·芬奇在某一特定时刻会沉迷于某一学科，但如同“雪崩效应”一般，永不枯竭的求知欲似乎一直在激发着他，引领他在永无停歇的发现和日益深入的研究中从一个领域转向另一个领域。例如，在米兰时，建筑项目促使他去研究建筑静态学，但与此同时，正在探究的项目和问题又不断引发他新的兴趣。此外，发明军事机器，甚至工业机器——尤其是在顺应伦巴第传统纺织业发展的纺织领域——这样的设计活动又激发

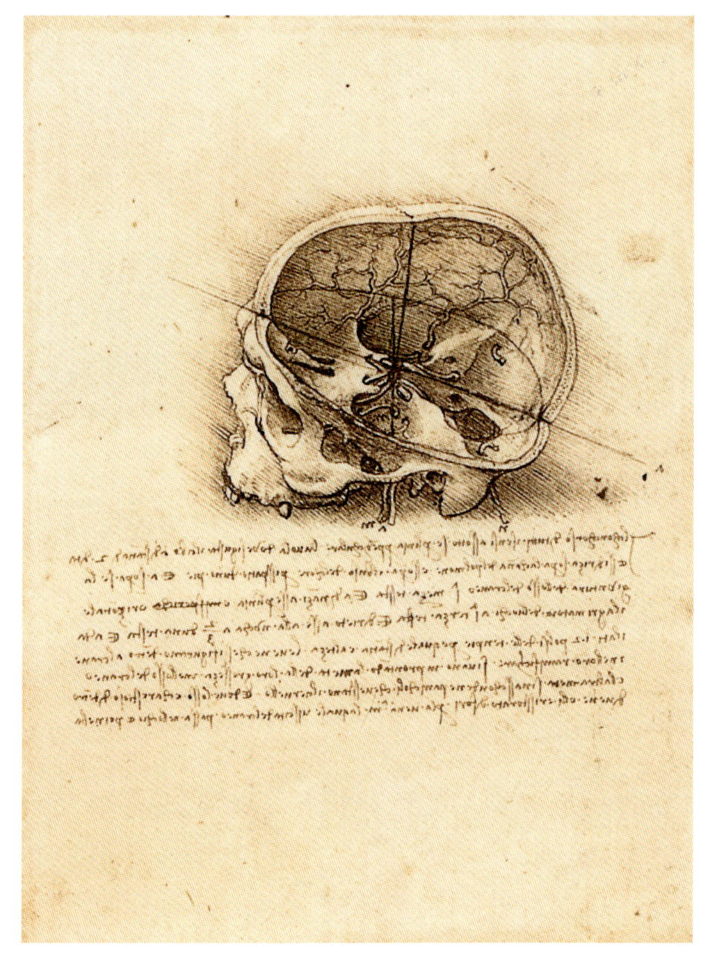

颅骨习作（1489）
《温莎手稿》

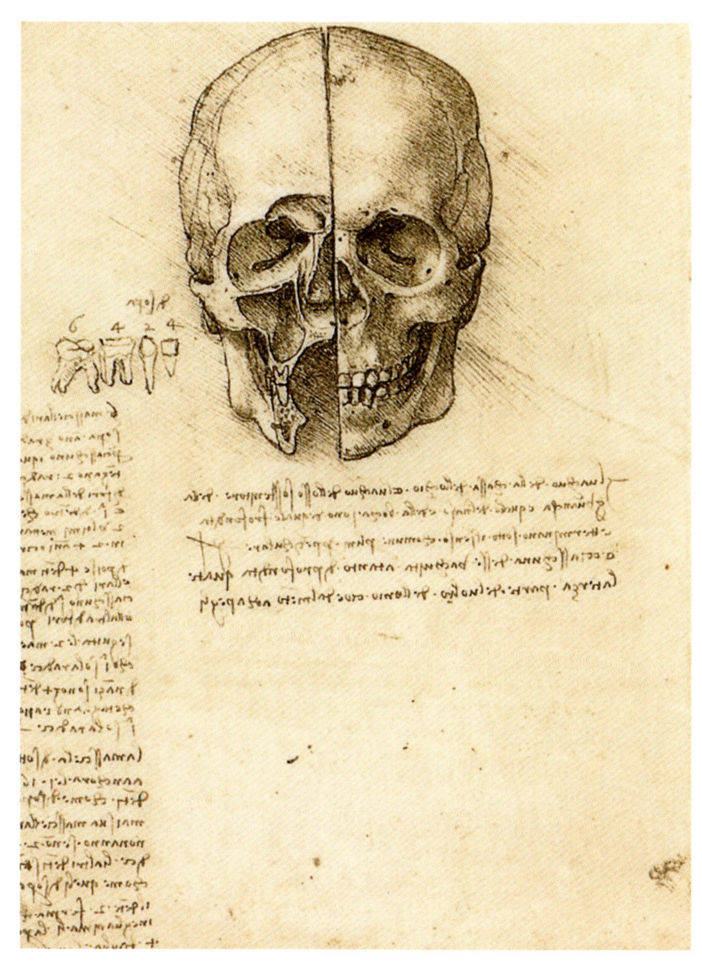

颅骨习作（1489）
《温莎手稿》

了他对力学的兴趣，或许对水利工程的兴趣也是由此而引发的，这是达·芬奇当时必然会进入的新领域，因为通过有效地导引水而对水资源加以利用在当地一向备受关注，而且庞大的运河网络已经遍布整个米兰，这引发了达·芬奇对水的兴趣，开启了他对水力学和流体静力学的研究。

在米兰期间，达·芬奇在纷繁的活动中不断遇到各种问题和新的挑战，这促使他在极为广阔的领域展开相关研究，由此得以深入了解一些曾经只是略有涉猎的学科，拉丁文就是其中之一。为了研究古典科学传统的重要作品和人文主义者的著述，自称“文盲”的他开始重新学习拉丁文。1496 年，数学家卢卡·帕乔利也来为“摩尔人”效力，从这一年开始，在这名方济会修士的帮助下，达·芬奇重新拾起几何，并为后者的专著《神圣比例》绘制了插图。大约在 1489 年到 1490 年，从绘制颅骨开始，达·芬奇再度全身心投入他第一个重要的研究——解剖学研究中。这些绘图现都收录于《温莎手稿》中。

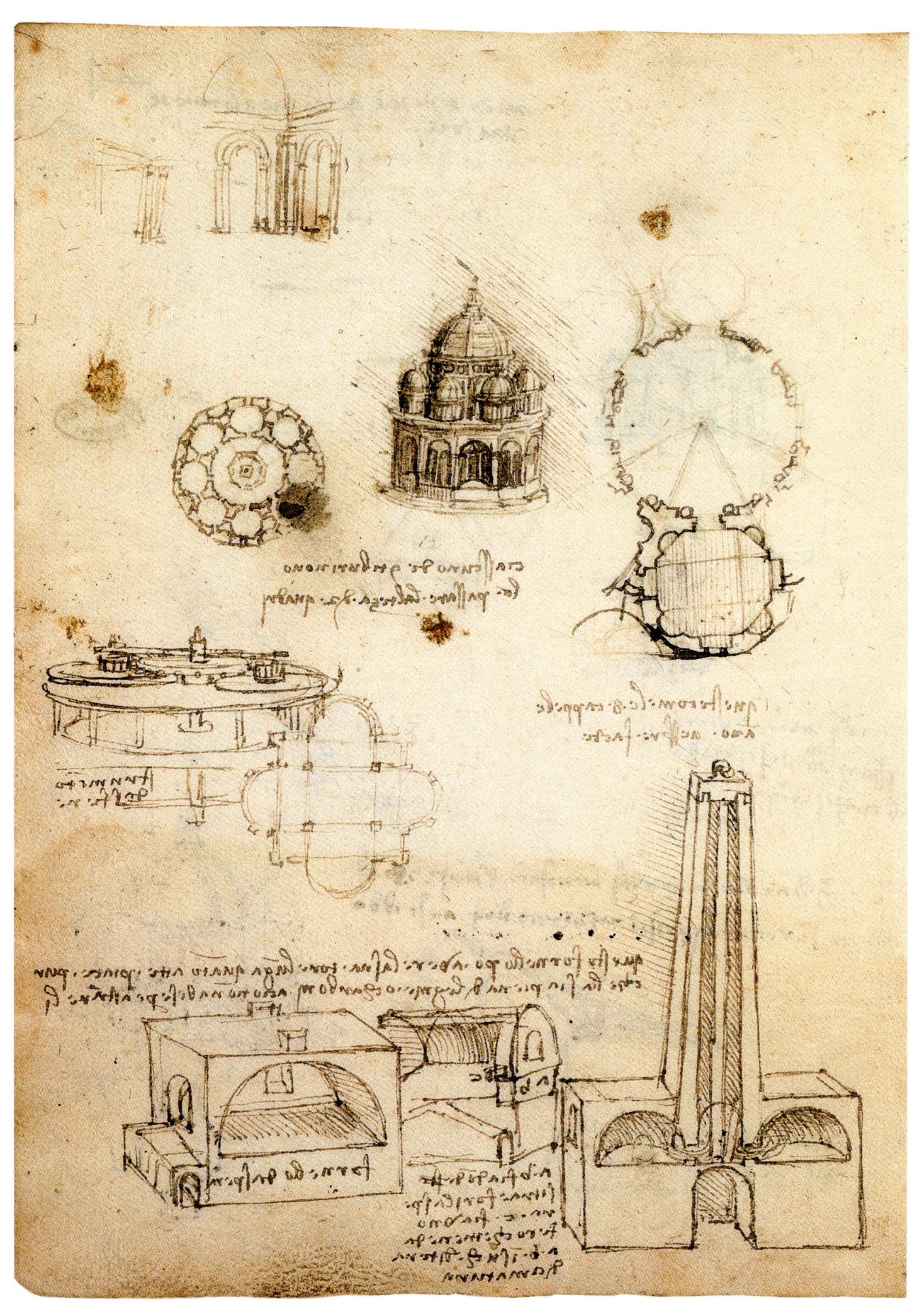

圆形教堂、反射炉和一个“球形仪器”的习作（1487—1489）

《手稿 B》（21 页，左页，细节图）

米兰大教堂灯笼式天窗的拱形支架所受的挤推力习作（约 1487—1490）
《大西洋手稿》（850 页，右页）

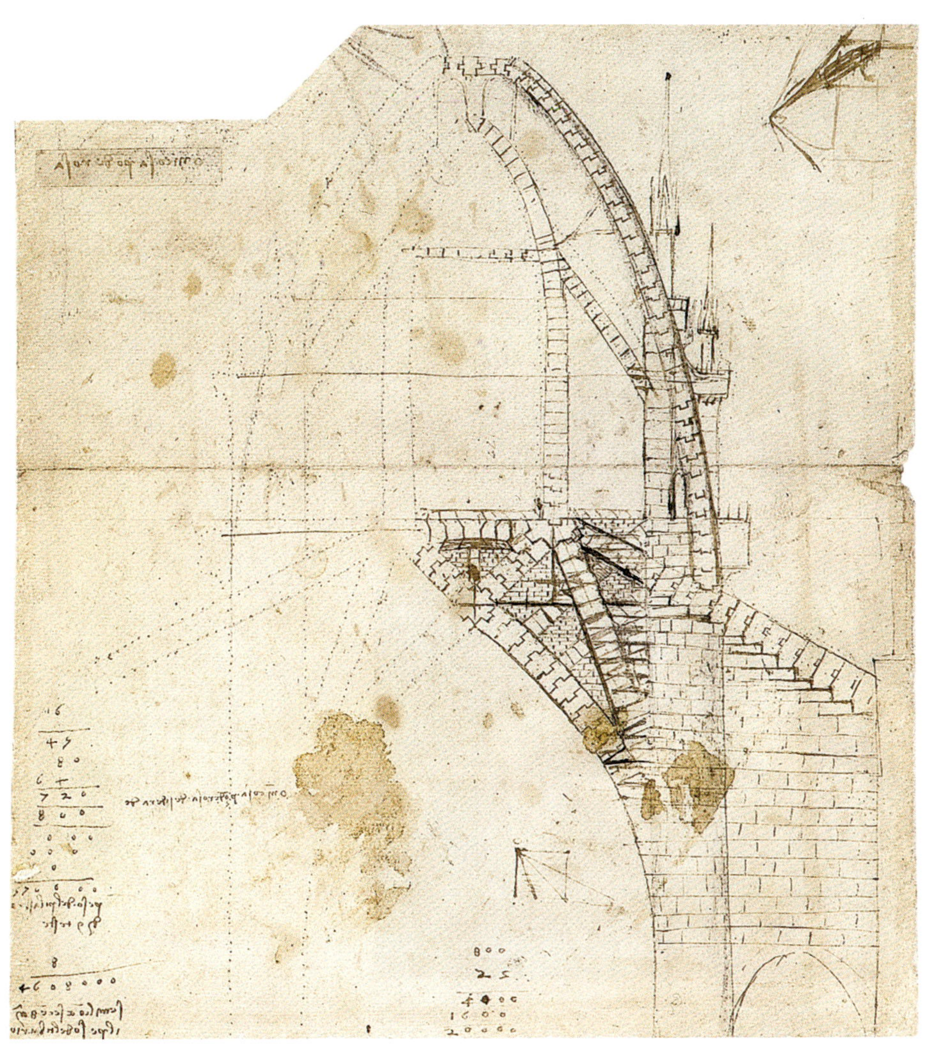

最后，他对飞行和飞行器制造产生了兴趣。依据乌菲齐美术馆一页手稿中的一些草图，这些机器在他居住于佛罗伦萨末期时已经略具雏形，此外，这张手稿上还有对《三博士来朝》的研究。

由于多种多样的新兴趣不断涌现，如此丰富，如此广泛，所以就是在米兰时期，达·芬奇开始意识到必须坚持记录下自己的想法、计划和研究工作。从此，零散的手稿就与笔记本相依相伴了，目前所知的最早笔记为《提福兹欧手稿》和现存于法国的《手稿 B》，两者都是从 1487 年在米兰开始撰写的。

达·芬奇学园

两圣婴（约 1500）
马可·德·奥焦诺

达·芬奇第一次停留在米兰时期，门下招收了几名学生，著名的沙莱（又称沙莱诺）就在其中，由于他性情多变，偷窃成性，乔凡尼·吉亚科摩·卡普罗蒂[①]被昵称为“小恶魔”。他“从 1490 年抹大拉之日开始与我在一起，当时 10 岁”，大师 1491 年的笔记记录道。

除了沙莱等学徒，芬奇学园也欢迎功成名就的大师，这一点与当时其他的传统艺术工作坊不同，却有点像斐奇诺的佛罗伦萨柏拉图学园。达·芬奇学园中赫赫有名的学生包括埃万杰利斯塔·德·普雷迪斯和安布洛乔·德·普雷迪斯兄弟、弗朗西斯科·纳波利塔诺、马可·德·奥焦诺、安德烈亚·索拉瑞奥和乔万·安东尼奥·博尔特拉菲奥。后两位尤其忠实地阐释了达·芬奇教学思想，特别是在芬奇学园极其擅长的肖像画领域。从 6 幅辉煌画作的印章可以看出，芬奇学园的徽章是人们所说的“芬奇结”，即一种错综复杂、相互交织的装饰性图案。天轴厅中的基本图案是相互缠绕的植物，其灵感可能正是源于此结。

---

① 即上文提及的沙莱。——译者注

以圣塞巴斯蒂安为主题的象征性肖像画（约 1500）
乔万·安东尼奥·博尔特拉菲奥
莫斯科，普希金博物馆

象征性肖像画（约 1500）
乔万·安东尼奥·博尔特拉菲奥
佛罗伦萨，乌菲齐美术馆

有绿色垫子的圣母（约 1507）
安德烈亚·索拉瑞奥
巴黎，卢浮宫博物馆

◀ **蒙娜丽莎 | 乔贡达**（1513—1517）
细节图
巴黎，卢浮宫博物馆

重返佛罗伦萨

由于米兰公国遭到法军入侵，1499年达·芬奇离开了米兰公国，开始了返回佛罗伦萨的行程。他曾效力于“摩尔人”路德维克很长一段时间，超过了为其他任何一位统治者工作的时间。1500年，他对“摩尔人”路德维克的没落做了简短评价：“公爵已经失去他的王国、财产和自由，没什么需要为他完成的工作了。”

佛罗伦萨，原本的美第奇家族之城，早已于1494年宣布为共和国。达·芬奇返城途中先在曼托瓦作短暂停留，借宿于伊莎贝拉·德·埃斯特宅邸。伊莎贝拉·德·埃斯特是弗朗西斯科·贡扎加二世的妻子，也是米兰公爵夫人贝亚特丽斯的姐姐。贝亚特丽斯嫁给了“摩尔人”路德维克，于1497年死于难产。而身为曼托瓦侯爵夫人的伊莎贝拉是意大利文艺复兴时期最优雅奢华的宫廷时尚引领者之一。达·芬奇为她作了一幅有名的炭笔画，当时许诺要尽快做成板面画，却无果而终。经由曼托瓦，达·芬奇来到第二站威尼斯，大约是因为他早在米兰享有水利工程师的美誉，威尼斯共和国委托他设计一个方案，为一个屡遭土耳其突袭的区域引渠灌水，土耳其的入侵曾给这光荣的共和国带来过与日俱深的恐惧感。

刚到佛罗伦萨时，达·芬奇先是借住在圣母领报大教堂中的修道院中，与圣母玛利亚会的修士们同住。后来他去了数学家皮耶罗·迪·布拉乔·马特利的家中，那里距离大教堂和美第奇宫都不算远。早在米兰时期达·芬奇就一贯地表现出多方面的兴趣，这次重新回到佛罗伦萨，他的生活越发因此而生机勃勃。但是现在他对科技领域的钻研远胜于对艺术的关注。伊莎贝拉·德·埃斯特的代理人彼得罗·达·诺韦拉拉在1501年对此有所提及。他在写

伊莎贝拉·德·埃斯特肖像画的草图（1499—1500）
巴黎，卢浮宫博物馆

给侯爵的信中报告说，达·芬奇完全沉浸于数学研究之中，甚至于连看一眼画笔都无法忍受。他写道："(达·芬奇)正在刻苦钻研几何……最无法忍受画笔。"他还写道："他的数学实验分散了他作画的注意力，以致他无法忍受看一眼画笔。"事实是，达·芬奇在返回佛罗伦萨期间画作非常少，虽然少，却极其重要。

达·芬奇在此期间的第一幅作品是《圣母子与圣安妮》的初步草图，作于1501年。依然是据诺韦拉拉记载，与1508年的作品（现存于伦敦）相比，这张草图表现出许多不同之处。实际区别在于人物布局和明显喻指耶稣受难的羊羔。存于伦敦的画作里，羊羔被不太具有隐喻意义的婴孩施洗者约翰所代替，但这一形象又重新出现在始作于1510年的一幅未完成的画作里，该画作现存于卢浮宫。

接下来是画作《纺车边的圣母》，留存下来的有两个版本，通常被认为是达·芬奇的学生在老师的协助下完成的。依然是据诺韦拉拉记载，这幅画是为路易十二的国务大臣弗罗里蒙·罗伯特而作。

从领主制到共和国

大卫（1501—1504）
米开朗琪罗·博纳罗蒂
佛罗伦萨，学院美术馆

1494年，法国国王查理八世对意大利的入侵标志着意大利半岛为外邦统治的开始。这一事件直接引发了严重的后果。比如在佛罗伦萨，法国国王的入侵导致“豪华者”洛伦佐的儿子兼继承人皮耶罗·德·美第奇被流放。与此同时，以吉洛拉谟·萨伏那罗拉为首的神权共和国开始建立。四年里，这位多明我会会士以他不可妥协的原则和对公众与私人道德的激进改革掌管着城市政治。但是萨伏那罗拉失势，被教皇亚历山大六世从教会驱逐之后，于1498年作为异教徒在火刑柱上被处以死刑。然而，佛罗伦萨共和国并没有与之共同消亡，而是演化为一个由终身执政官所领导的政府，实行集权制。1502年皮耶尔·索代里尼通过选举就位。在他统治期间，曾经在萨伏那罗拉统治时期遭到大力压制的文化倡议和委托给艺术家的任务都开始重新恢复。实际情况是，正是在索代里尼在位期间，达·芬奇和米开朗琪罗分别被委托在韦奇奥宫（的墙壁上）完成一幅战争主题的画作，却都无疾而终；米开朗琪罗也是在此期间被委托完成了大卫雕像。历经筛选，大卫雕像成了这个年轻共和国的标志。这个年轻的共和国一直持续到1512年，在这一年，随着教皇尤里乌斯二世所发起的反法神圣联盟驱逐了在意大利的法军，美第奇家族对佛罗伦萨的统治才得以恢复。①

① 1494年法国军队侵入意大利，美第奇家族投降，佛罗伦萨人民在萨伏那罗拉领导下举行起义，重建共和国。1498年萨伏那罗拉死后，共和国续存了14年。直到1512年法军被逐出意大利，美第奇家族才恢复僭主政治。——译者注

《跪着的利达》习作（1503—1504）
查茨沃斯庄园
德文郡公爵藏品

《圣母子与圣安妮》草图（约1501）
威尼斯，美术学院画廊

利达被看作是大自然丰产的象征。在达·芬奇约1504年所绘制的习作当中，出现了他对利达的首次细致勾画，他构思了一个蹲着的形象。随后在米兰，画家描绘了一个站着的利达形象，这种形象与流传下来的达·芬奇风格的作品中反复出现的形象别无二致。最后也是其最重要的画作，是1503年佛罗伦萨政府委托达·芬奇完成的富丽堂皇的《安吉里之战》。这幅画作的尺寸是《最后的晚餐》的三倍，目的是纪念共和国于1440年战胜米兰人民的光荣历史事件。对达·芬奇来讲，被委托这样一个重要的任务当然体现出其当时已是众望所归，但与此同时，这也是在迎接同时期另外一位顶尖画家米开朗琪罗的公然挑战。实际上，《安吉里之战》是要画在韦奇奥宫议会大厅里（即后来的五百

纺车边的圣母（1508）
达·芬奇与助手们

人大厅），而与此同时，这幅画作的对面墙壁上，米开朗琪罗早就接受了绘制《卡辛那之战》的邀请。令人惋惜的是，两部作品均未完成。米开朗琪罗只准备了底稿（后来遗失），1506 年他离开佛罗伦萨，去往罗马为罗马教皇效力。

不同于米开朗琪罗，达·芬奇设法将他草图的核心部分转移到了墙上，他用油画颜料作画，但这部分画作也未能被保存下来。这幅壁画的结果比《最后的晚餐》还要糟糕，同样归咎于工艺问题：他同样使用了油画颜料，没有根据湿壁画的工艺进行操作。或许是因为在湿漉漉的墙上作画需要相当快的速度，

多利亚油画（1503—1504）
无名氏
* 此图为达·芬奇的《安吉里之战》中间部分的复制本，是唯一得以转移到墙上后又遗失的部分。

这与达·芬奇的慢节奏不协调，因此颜料无法迅速干掉，开始无可救药地滴落下来。到1506年达·芬奇被查理·德·安布瓦斯召到米兰之前，他还在忙于那幅画作，但最终只好放弃了。正是在同一年，米开朗琪罗启程离开了佛罗伦萨，而达·芬奇也离开了这座托斯卡纳的首府。由于画作《安吉里之战》的草图已经遗失，而且达·芬奇画在大厅墙上的所有痕迹都在1563年被瓦萨里的画作覆盖，人们对那幅画作的所有记忆都只能通过复制而进行传达，其中最为有名的复制品当属被称为《多利亚油画》的作品。

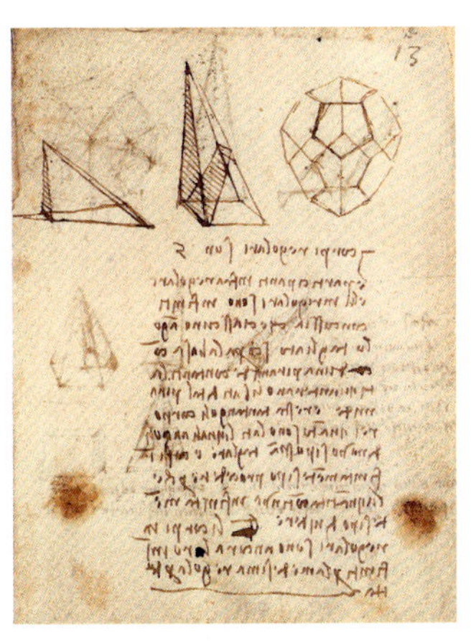

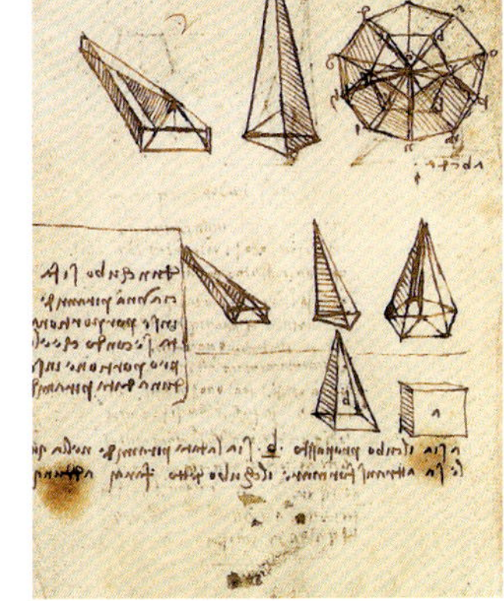

上图（左）
腿的横截面（约1510）
《温莎手稿》

上图（中、右）
对立体几何和多面体的研究（1505）
《福斯特手稿 I》

《安吉里之战》初步习作（约 1503—1504）
威尼斯，美术学院画廊

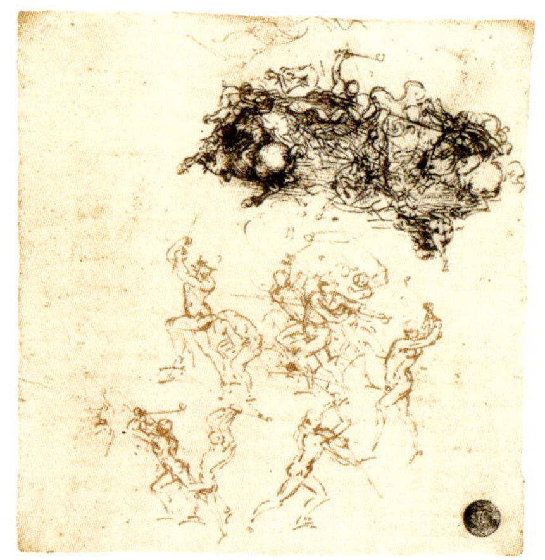

口部肌肉的研究（约 1508）
《温莎手稿》

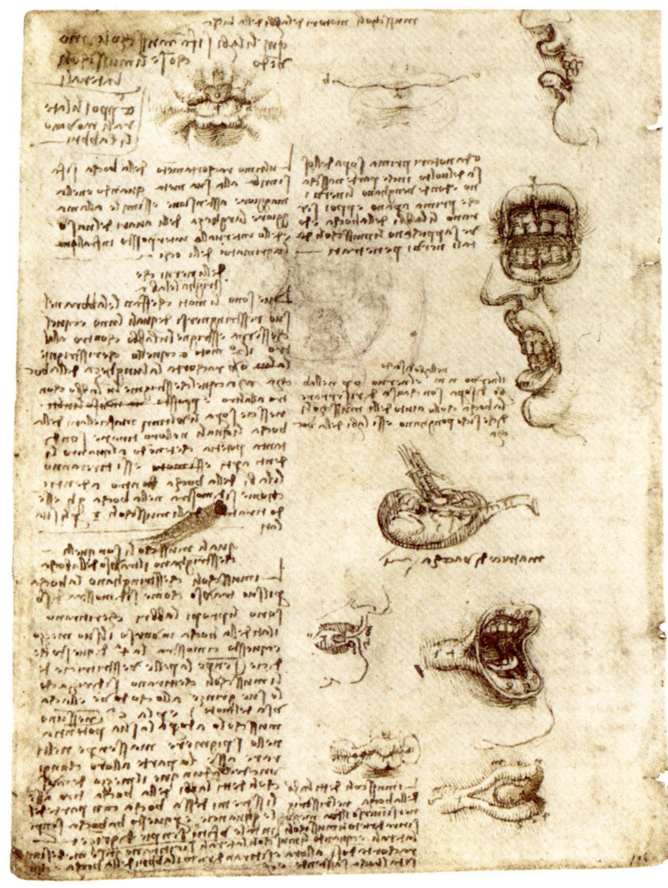

然而，需要重新回顾的一点是，在达·芬奇重返佛罗伦萨期间，他更专注于科学研究，而不是绘画，他热切地投身于几何学和解剖学的研究，也研究飞行和水利。陪伴他的依然是卢卡·帕乔利，一路随他从米兰来到佛罗伦萨。除了其他事务缠身，卢卡·帕乔利还在准备一个新版本的欧几里得的《几何原本》，本书后来于 1509 年在威尼斯出版。

至于对解剖学的研究，据载，达·芬奇第一次对尸体的解剖是在 1507 年到 1508 年之交的那个冬季。关于他初次解剖一位身故于佛罗伦萨的老人尸体的重要经历，他在自己的记载中是这样描述的："这位老人在他去世前几个小时告诉我他有一百多岁了，他除了稍感虚弱之外身体上并没有任何大恙。于是，在佛罗伦萨的圣母玛利亚诺瓦医院的病床上，无丝毫意外征兆，他悄然走完了自己的一生……我对他的解剖做了事无巨细的记录，但描述起来并不困难，因为老者没有脂肪和体液，要知道这些东西会严重妨碍对身体部位的辨别。"显而易见，那时对人体别样的研究方式及由此流传开来的解剖操作既标志着达·芬奇在个人艺术领域的突破，同时也是整个文艺复兴的巨大进步，影响

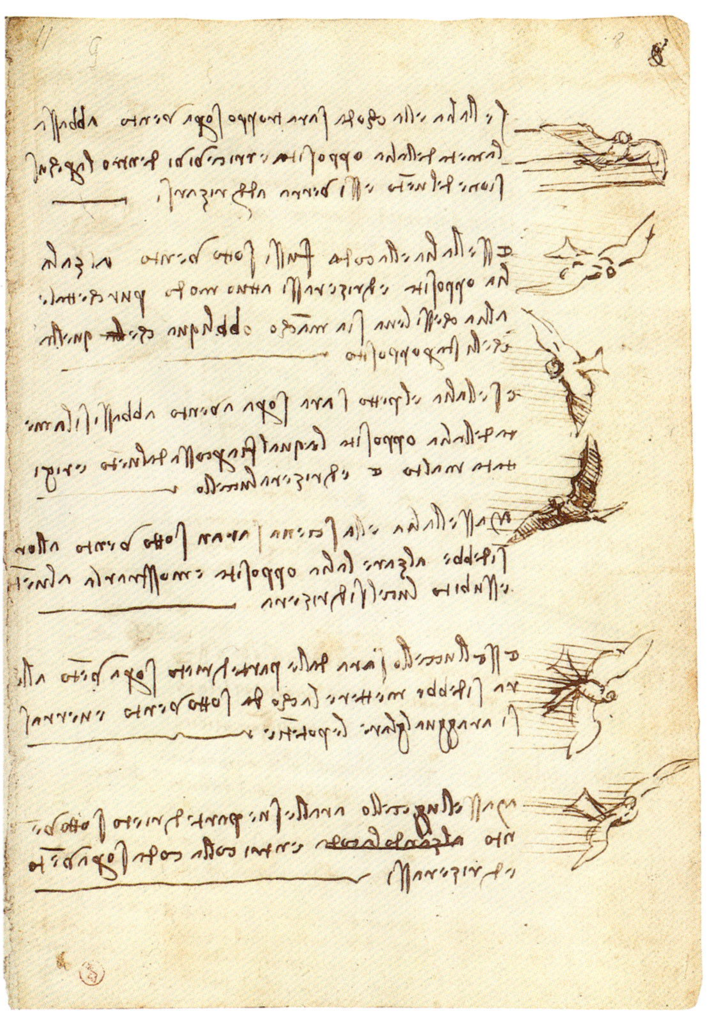

鸟儿利用气流滑翔（约 1505）
《鸟类飞行手稿》（8 页，右页）

了同时期的伟大艺术家们，尤其是米开朗琪罗。

栖居于佛罗伦萨时期，他对飞行的研究也同样取得了长足进展。达·芬奇坚持不懈地观察鸟在风中的飞行姿势，并记录在一部小抄本里，那大约是在 1505 年。该手稿现存于都灵皇家图书馆。大约与此同时，他构思了飞行器的雏形，这是一种可以从佛罗伦萨近郊菲耶索莱的切切瑞山顶起飞的现代悬挂式滑翔机。与飞行研究密切相关的一个重要发现就是螺旋式运动。达·芬奇将其认定为自然界的重要力量之一，并且立刻在其他自然现象中加以挖掘。比如，他在对比中反复研究水的旋涡，血液甚至是头发的运动。同样，螺旋式运动也体现在了达·芬奇的艺术表现中，隐现在《利达》画作里婀娜的线条中和《安吉里之战》的混战场面里。达·芬奇的曲线和米开朗琪罗的蜿蜒线形，后来成了风格主义的模板。

有一项未竟的浩大工程始于达·芬奇第二次在佛罗伦萨居住时期，即更改阿诺河道。达·芬奇设想的河道大约是沿着现在的佛罗伦萨至沿海地区高速公路[1]延伸，途经普拉托和皮斯托亚，最终在比萨附近再次汇入阿诺河。这项工程预期有两大益处，一方面使阿诺河可以从佛罗伦萨通航到大海，另外也使其流经佛罗伦萨所辖的重要区域。

① 多称为 A11 高速公路。——译者注

值得一提的奇怪现象是，尽管有迹可循，达·芬奇的这个建议是出于“和平的”目的，但我们只能揣测该工程可能在“战争计划”中同样发挥了作用。这“战争计划”是由尼科洛·马基雅维里所提倡，被佛罗伦萨共和国所采纳，曾试图实施（却并未如愿），其目的是收服反叛的比萨城。这一计划虽然和达·芬奇的提议不谋而合，会改变阿诺河道，但此计划若得以实施，却会造成被困的比萨城出海口被切断的局面。

返回佛罗伦萨居住期间，达·芬奇并不总是住在城里。在1500年到1502年间，除了外出做短暂停留，比如去罗马，他都在佛罗伦萨安然栖身。1502年夏天，他做出了一个重要决定，即离开这座托斯卡纳的首府，去效力于恺撒·博尔吉亚，即众所周知的“瓦伦蒂诺”，教皇亚历山大六世的私生子。达·芬奇通过正规的授权仪式被任命为“瓦伦蒂诺的总建筑师和工程师”，并获有书面授权书。两人或许相识于米兰，恺撒·博尔吉亚曾和法国的路易十二胜利进驻那里。达·芬奇代表“瓦伦蒂诺”启程去督察罗马涅大区公爵在意大利中部所占领的区域。之后，又随恺撒·博尔吉亚征战艾米利亚－罗马涅大区、马尔凯（位于意大利中部）、翁布里亚（意大利中部）以及托斯卡纳。在对城市、要塞和区域的视察基础上，达·芬奇绘制了一些重要的地理图表，其中包括巨幅彩图《伊莫拉地图》和《标注阿诺河道的托斯卡纳水路图》。到了1503年春天，“瓦伦蒂诺”的冒险随着梦想的幻灭和领土的失守而结束，而在此之前，达·芬奇就已经返回了佛罗伦萨。正如前文所指，此时佛罗伦萨共和国委托他完成画作《安吉里之战》。但在1506年，他再次启程去米兰。此后几年，除了1508年之前曾偶尔回过托斯卡纳首府佛罗伦萨并稍事停留外，达·芬奇一直居住在米兰。

堡垒的鸟瞰图（约1504）
《马德里手稿II，8936》（79页，右页）

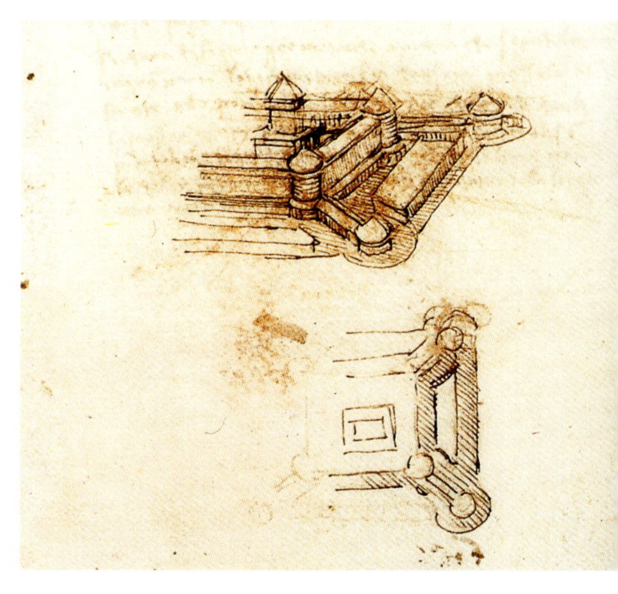

达·芬奇与米开朗琪罗

圣母子与圣安妮（约1501—1502）
米开朗琪罗
临摹达·芬奇作品
牛津大学，阿什莫林博物馆

达·芬奇与米开朗琪罗相互敌视，这一点众人皆知。其原因在于，首先两者年龄差异巨大，达·芬奇比米开朗琪罗年长23岁；另外两者的心态不同，艺术观念又无从调和：一方面是达·芬奇的理性，对科学的缜密执着以及对绘画的钟情；另一方面是米开朗琪罗对灵性的深度崇尚和对雕塑艺术的坚定信念。在一份约写于16世纪中期的手稿《亚诺尼莫·马格里亚贝奇亚诺手稿》中，记载了两位伟大艺术家之间一次有趣的冲突。当时两人都在佛罗伦萨为韦奇奥宫作画，有一天两人在街上相遇。《亚诺尼莫·马格里亚贝奇亚诺手稿》中对此进行了如下描述："恰逢达·芬奇和乔凡尼·达·加文从圣三一教堂走过来……一群绅士正聚在一起讨论但丁的一段诗文，他们叫达·芬奇为他们解释一下那段诗文……这时米开朗琪罗恰好经过，有一个人跟他打招呼。达·芬奇说：'米开朗琪罗会亲自给你们解释的。'对于米开朗琪罗来说，这番言辞似是在揶揄他，他愤然回应道：'你自行解释吧，你为做青铜像画了一匹马（弗朗西斯科·斯福尔扎的骑马雕塑从未完工），却无法浇铸，于是你就把它放在那里，丢人啊。'话未毕他就转身大步流星地离开了，剩下达·芬奇自己满面羞愧地站在那里。"

第二次居住于米兰

1506 年，在法国总督查理·德·安布瓦斯的强烈要求下，达·芬奇去了米兰。那时，达·芬奇依然在为佛罗伦萨政府服务，因此他与佛罗伦萨的执政团之间有了争端。最终在法国国王的直接要求下，执政团才决定放走达·芬奇，让他得以从佛罗伦萨政府委任的事务中抽身，于 1508 年在米兰彻底定居下来。

达·芬奇在米兰一直住到 1513 年，一直受雇于国王路易十二。后者归还了画家位于圣维托雷的葡萄园，这个园子本来在法国攻占米兰公国时充了公。估计就是在 1499 年[1]，画家开始与国王有所接触。无论如何，可以确定的是，在 1501 年达·芬奇就已经为法国人效力了。伊莎贝拉·德·埃斯特在佛罗伦萨的联络员在说到画作《纺车边的圣母》时，对此有所提及。

彻底定居米兰之后，达·芬奇将他在佛罗伦萨时期的一些想法加以拓展，比如前文提到过的画作《利达》和《圣母子与圣安妮》，可能画家即便是在法国时也在继续构思这两幅画，有关《圣母子与圣安妮》的假设在对画中圣母的衣饰进行研究时得到了证实。1509 年，就在开始创作油画《圣母子与圣安妮》之前，他创作了另外一幅画《施洗者圣约翰》，如今也藏于卢浮宫。画作里的人物呈现出令人不安的一面，眼神迷惑，似笑非笑。微微笼罩于年轻躯体上的柔和光线使人物看起来散发着神性的光芒，而与此同时，

《圣母子与圣安妮》底稿（1508）
伦敦，国家美术馆

① 1499 年法国与意大利交战。——译者注

解剖学研究

在解剖绘图领域，达·芬奇已经达到了那一时期的最高水平。他的绘图清晰、准确、美观。这种对解剖绘图的驾驭能力源自解剖实践。尽管欧洲文艺复兴初期，佛罗伦萨的其他画家，比如达·芬奇的老师安德烈亚·德尔·韦罗基奥和画家安东尼奥·德尔·波拉伊奥罗，都几乎可以确定有过解剖的经历，但达·芬奇依然是系统地应用人体解剖的先驱之一。达·芬奇的解剖图不仅令人倾慕，还非常实用，这是它们最主要的特点。它们形象地展示了很多复杂到无法言表的事物。画家本人也敏锐地觉察到了这一点，他写道："啊，作家们，以什么样的措辞你们才能达到画家笔下如此完美的图案表现形式呢？"高质量的插图展示实际上是达·芬奇对16世纪科技写作最为伟大的贡献。相反，他的研究对于医学的进步却并不是很重要。换言之，他在解剖学领域的成就与他在其他研究领域的成就一样，都是在已经开启的一个历史进程中，达到了登峰造极的顶点，而不是另辟蹊径，完全重新开辟一条道路。因而，达·芬奇一直被赋予的"一名孤独的天才和不受任何前人恩泽的先锋者"的传统形象需要被重新评估。已经有事实显示达·芬奇对解剖的兴趣源于15世纪的一场革命，在那场革命中透视画法的出现使得如何展现图像空间发生了变革。因此，用透视画法来展现身体的三维特性实际上在当时已经变得很重要，这促使人们寻求对身体构造和各个部位的全面认知。因此，解剖知识就变得颇为重要，利于艺术家们去艺术地呈现人体。对于解剖学所取得的进展，艺术家也成了其关键的展示者。而且，这也从侧面体现了科技与艺术的融合，而这种融合正是新文艺复兴时期的典型特征。达·芬奇终其一生都在对这种融合做着杰出阐释。

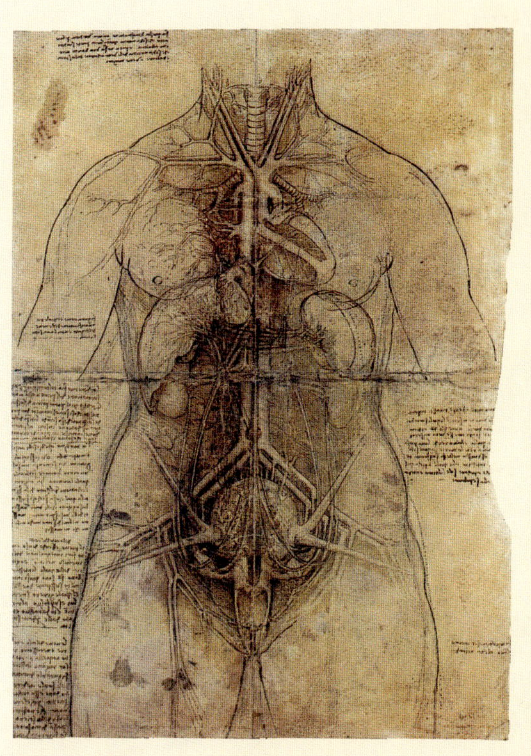

子宫内脏在女性身体里的位置（1508—1509）
《温莎手稿》

利达（1506—1508）
无名氏（16 世纪）
临摹达·芬奇作品
佛罗伦萨，乌菲齐美术馆

他的面庞又犹如（他画笔下的）那个酒神巴库斯[①]一样红润而充满肉欲，呈现出一种淫秽的色彩，所以画面中的人物看起来既神圣又世俗，尽管他还不似卡拉瓦乔[②]画作里的人物如此公然地暧昧不明。仔细观察人物形象，似乎圣约翰呈现出非男非女的性别特征。达·芬奇大约应该是以心知肚明而又扬扬自得的态度表现了这种雌雄同体的形象，展示出性别在同一个个体上的融合。这种融合的标志性先驱出现在现已遗失的《天使报喜》中那个雌雄同体的人物形象上。这幅画的一些学校临摹品仍留存于世，最好的版本现存于巴塞尔。另外还有一幅经达·芬奇之手润色的学生素描也出现了这种性别融合的形象，其大约始作于 1504 年。另一个更典型的性别模棱两可的例子出现在达·芬奇画于草纸上的一个充满色欲的魔鬼形象上，该形象也介于酒神巴库斯和天使之间，画的是一个生殖器竖立的年轻人。最近，这幅画再次在德国被发现。

达·芬奇第二次居住米兰期间创作了一个新版本的《岩间圣母》（现存于伦敦，见 73 页），它比前一个版本更明显地展示出雕塑般的建筑效果，而且莫名其妙地比卢浮宫的那幅画作更受客户的青睐。

最后，达·芬奇还有一个修建新的骑马雕塑的计划，这次是为法国元帅吉安·吉亚科摩·提福兹欧而建，元帅打算将其立于即将在圣纳泽尔大教堂建成的葬礼教堂内。

---

① 达·芬奇还画了一幅《施洗者圣约翰——酒神巴库斯》，画中人物身上的豹皮和手中的酒神杖表明他是酒神巴库斯，但脸部和手势又与施洗者圣约翰十分相似。——译者注

② 全名为米开朗琪罗·梅里西·达·卡拉瓦乔，意大利 16 世纪末至 17 世纪初的一位著名画家。——译者注

绘画——倾心的艺术

天使报喜
临摹达·芬奇作品
伯尔尼美术馆

对达·芬奇来说，油画创作、素描及音乐等活动和设计机器以及工程施工等活动并无明显不同，因为对这位托斯卡纳的大师来说，艺术与科学同样都构成了探寻事物本质的一部分。他曾经为了筹备一部著述而开始撰写手稿，手稿上有他的评述、观察资料和笔记，但在此期间他却三番五次地在手稿上搞起绘画艺术来，著述终究是无疾而终。最后是他最喜爱的学生弗朗西斯科·梅尔兹于1519年在大师过世后继承了其散乱的手稿，从中收集、抄写和整理出有关这一著述的资料,其成果就是论著《论绘画》的手稿，但直到1651年，这部手稿才以《论绘画》为书名印刷出版。达·芬奇是率先使用弗拉芒油彩来取代蛋彩画颜料的画家之一，这可能是因为除了其他因素之外，油彩颜料（相对于蛋彩画颜料）干结更缓慢，甚至在几天之后还可以对画作进行修改，这很切合画家缓慢而有序的工作方式。

至于风格，达·芬奇的画作主要以他的晕涂法、软阴影和空气透视画法而闻名。达·芬奇将空气透视画法引入了线性透视画法——这在当时是最新的成就，在佛罗伦萨艺术界里被认为不可或缺——目的是创造一种新的对远处物体感知的表现方式。对于如何描绘远处事物，他不再只是通过几何方案解决。几何的处理方案是通过尺寸的渐进性缩小来暗示距离，而现在他还通过巧妙地运用适量的明暗和光影来表现远处事物，这样做可以传达出色彩的变化，并通过周遭的明暗和光影效果而表现出远处物体的轮廓。这一效果还会通过将人物置于背景中而继续得以强化，正如《岩间圣母》所表现的那样。相对于室内场景而言，这种室外场景更受达·芬奇的青睐，因为室内场景反而更需要对线性透视画法的应用。与此类似，晕涂法效果接近于现在摄影中所谓的“柔焦法”图像所表现出来的效果，也就是人物色块不是通过清晰的轮廓和鲜亮的颜色来展示，而是通过柔和的过渡及暗淡的色调来体现人物轮廓的柔美与朦胧。

施洗者圣约翰（1509）
巴黎，卢浮宫博物馆

大约是在1508年之后，达·芬奇接受了提福兹欧骑马雕像这一任务，当时他连续不断地为这座雕像进行拟图和试画工作，或许在他移居法国之后这项工作还在继续。达·芬奇再度启用了当初为斯福尔扎纪念碑所做的设计，即一匹抬起前蹄的马踩踏在倒地的敌人身上。实际上，新雕塑的尺寸绝对比为斯福尔扎家族所设计的要小得多，所以它很有可能会被成功浇铸。然而，这个计划也搁浅了。一系列的事件相继发生：由布拉曼迪诺所主持的修建小礼堂的工作于1512年之后才开始，提福兹欧于1518年过世，第二年达·芬奇也去世。所有这些都使这一初始计划搁浅。

在达·芬奇第二次栖居米兰期间，他显然对艺术领域做出了极大的贡献。然而应该再次强调的一点是，也是在此期间，他尤其致力于建筑项目及开渠引流的提案。在后一领域里，他提出一些新的建议，比如把阿达河从莱科引渠灌水到米兰，而且他还做出计划以改善当时运河的网络系统。最重要的就是他对伦巴第地区做的水利方面的调查，调查范围从伊塞奥湖到奥利奥河，

吉安·吉亚科摩·提福兹欧的骑马雕塑习作（1508—1512）
《温莎手稿》

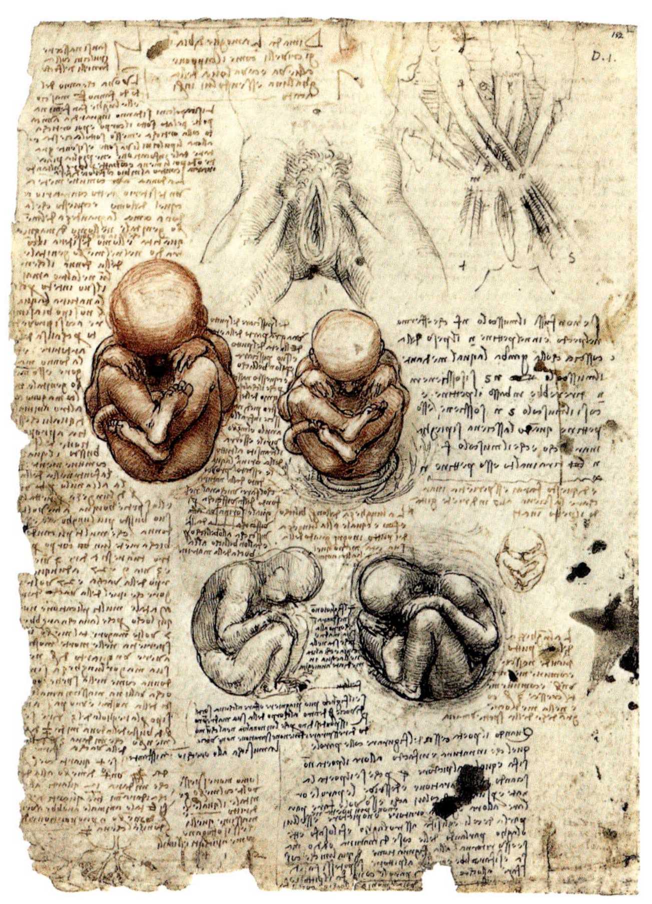

女性生殖器和胎儿在子宫里的图示（1510—1512）
《温莎手稿》

从阿达河到三角河，到雷佐再到瓦普里奥。画家的学生兼益友弗朗西斯科·梅尔兹家族所拥有的别墅就坐落于瓦普里奥。在大师过世之后，弗朗西斯科·梅尔兹继承了其手稿。画家曾在此长久逗留，进行研习。

这位兼收并蓄的托斯卡纳人达·芬奇所进行的有关建筑方面的研究确实与前文所提到的查理·德·安布瓦斯有关。实际上，这位米兰公国的总督让达·芬奇为他设计一个带花园的别墅，选址在西门外圣巴贝拉教堂附近，即画家居住的区域。达·芬奇于1506年到1508年间对此工程进行规划，留存下来一些草图和笔记，还有一些对诸如宴会厅和极为雅致的花园的简略描述。关于花园，画家设计了不计其数的水景喷泉和自动装置，包括一个能整点报时的自动化巨型水钟。

最后一点，达·芬奇在解剖学领域取得了重要成就。他对神秘的人体的极大兴趣在此期间进一步得到强化，首先这归因于在这几年中他所进行的人体解剖，大师自己在1507年到1508年间对此有所描述；其次也是因为马肯托尼欧·德拉·托尔医生的激励与陪伴，托尔是帕维亚工作室的医师和解剖学家，就是在他的协助下达·芬奇展开了自己的研究。在此之前的解剖图都很粗略，现在能够直接观察人体为解剖图带来了革命性的变化，使得达·芬奇能够绘出准确且具有视觉冲击力的解剖图。他最著名的画作就包括一些有关生殖器研究的绘图和展示母体子宫里的胚胎的作品，后者似乎是来自达·芬奇对一个实实在在的7个月大的人类胚胎的观察，他设法取得了这一胚胎专门用于解剖。

教皇利奥十世与两位红衣主教（1518—1519）
拉斐尔
佛罗伦萨，乌菲齐美术馆

巴库斯（1513—1515）
巴黎
卢浮宫博物馆

罗马时光

由教皇尤里乌斯二世所发起的针对法国的神圣联盟成立于1511年。教皇的盟友是威尼斯和西班牙。同盟的胜利战果包括：1512年，斯福尔扎家族的统治在米兰得以恢复，美第奇家族重返佛罗伦萨，先是由“豪华者”洛伦佐的儿子朱利亚诺，继而是他的孙子洛伦佐二世进行统治。此外，美第奇家族成功获取了主教职位。洛伦佐的另一个儿子，红衣主教乔凡尼于1513年被选举为教皇，即利奥十世。达·芬奇因为曾受到法国总督召用，此时在米兰的地位变得岌岌可危。1513年，画家移居罗马，在那里他获得了教皇的兄弟朱利亚诺·德·美第奇的关照。在罗马期间，他寄宿于梵蒂冈，并且在梵蒂冈宫的绘画馆拥有自己的工作坊。当时，在这座教皇所辖的城市里，尤里乌斯二世的统治已经使之恢复了一派盛世景象，但充满了竞争。达·芬奇到达时，米开朗琪罗刚刚完成了西斯廷教堂穹顶的绘画；拉斐尔也刚完成了拉斐尔画室的那些著名湿壁画。

暴雨习作（约 1515）

《温莎手稿》

在罗马期间，达·芬奇独自居住，全身心投入自己的各种兴趣爱好中，进行了从几何学到有关水的研究等多项工作。后者应用到了蓬蒂湿地的一项排水工程中，并且为其约创作于 1515 年的第一批有关暴雨的惊人习作提供了灵感，这部分画作后来在他居于法国期间得以继续完成。他还于 1514 年至 1515 年间在圣灵医院进行了解剖学研究。画家的一位助手对此公开抨击，之后引发了将解剖视为巫术的指控。但这并不是全部，大约正是在此期间，达·芬奇开始了他最为著名的画作《乔贡达》或称《蒙娜丽莎》的创作，该画作后来大概是完工于法国。卢浮宫的酒神巴库斯形象或许也可以追溯到 1513 年至 1515 年间，其形象接近于《施洗者圣约翰》和《天使报喜》中的人物形象。这一人物肖像应该也经过了画家的修改，从神圣变为世俗，这可以从后来出现在人物身上亦庄亦俗的模糊形象中窥见一斑。

马达莱娜·多尼（约 1506）
拉斐尔
佛罗伦萨，帕拉丁画廊

淑女与独角兽（约 1506）
拉斐尔
罗马，博盖塞美术馆

◀ **蒙娜丽莎 | 乔贡达**（1513—1517）
巴黎，卢浮宫博物馆

在法国宫廷

这次罗马之旅使达·芬奇非常失望。更为雪上加霜的是，1516 年他的保护人朱利亚诺·德·美第奇过世。那么 1517 年画家接受弗朗索瓦一世的邀请赴法国为其效力也就不足为奇了。国王授予他最高荣誉，指定他为“第一画家、建筑师和工程师”，给予他丰厚的薪水，并让他居住在皇家宫殿安布瓦斯城堡不远处的克卢克城堡内，显而易见，这可不仅仅是一次携金裹银的外出差使。在弗朗索瓦一世的宫廷里，达·芬奇再次成为领军人物，就如同他在意大利时一样，一如既往地被委以重任。身为画家，达·芬奇在法国收获了他人生巅峰期的成果。实际上大概正是居住在克卢克城堡期间，这位不可匹敌的画家才完成了他著名的画作《蒙娜丽莎》。现存于卢浮宫的这幅举世闻名的画作上倾注了后人大量的笔墨。尽管如此，达·芬奇的这幅画作在很多方面依然笼罩着神秘色彩。首先，模特的身份依然无从知晓。根据瓦萨里的观点，尽管他从未看到过达·芬奇的画作，一直以来人们都认为画中的女人是佛罗伦萨商人弗朗西斯科·德尔·乔孔多的妻子蒙娜·丽莎·盖拉尔迪尼。达·芬奇是应她丈夫的委托作了这幅肖像画。这便是画作名字《乔贡达》的来源。卡西亚诺·达·波佐曾于 1625 年在枫丹白露宫一睹过作品原貌，他信服瓦萨里的观点，也称呼它为《乔贡达》。

蒙娜丽莎 | 乔贡达（1513—1517）
细节图
巴黎，卢浮宫博物馆

然而出于多种原因，对于瓦萨里对达·芬奇这幅画作中人物身份的认定，人们持有诸多怀疑，现在这个假设遭到了断然的否决。原因之一就是红衣主教路易斯·德·阿拉贡的秘书安东尼奥·德·贝提斯的证实。他们两人于1517年拜访了身居克卢克城堡的达·芬奇。德·贝提斯称拜访期间画家向红衣主教展示了三幅画，其中之一毫无疑问是卢浮宫的《圣母子与圣安妮》，另外一幅可能是存于同一博物馆的《施洗者圣约翰》，最后一幅大约就是《蒙娜丽莎》。他对这幅作品描述如下："无疑是一位佛罗伦萨女士，来源于生活，经已故的伟大的朱利亚诺·德·美第奇的提议而作。"这意味着，如果德·贝提斯所指的就是卢浮宫的那幅画作，那么如果它是为朱利亚诺·德·美第奇而作的，就绝不可能是弗朗西斯科·德尔·乔孔多妻子的肖像画，更别提画作的时间也与之不符了，这一点我们会在下文提到。

但如果她不是蒙娜丽莎，那么达·芬奇为教皇利奥十世的兄弟[1]所画的女人又是谁呢？据红衣主教路易斯·德·阿拉贡的秘书所言，人们还做出了一些其他推测。一些专家提出画中人物可能是朱利亚诺所熟识的一位那不勒斯贵妇，名叫伊莎贝拉·瓜蓝迪。但是画中人物的名字从未确定下来。在《蒙娜丽莎》妙不可言的笑容背后，人们一直在寻求着真实的历史人物。

年轻女子肖像 | 乱发的少女头像（约1508）
帕尔马，国家美术馆

① 即朱利亚诺·德·美第奇。——译者注

弗朗索瓦一世统治下的法兰西

弗朗索瓦一世，即昂古莱姆伯爵，是查理·德·昂古莱姆和路易莎·迪·萨沃依的儿子，继他的岳父兼远亲——路易十二之后，于1515年继承了法国王位。在他统治期间，这位新国王强化了其王室的威望并且完善了国家的组织。因为决意要巩固法国王朝的统治，弗朗索瓦一世推行扩张主义政策，从而在成为国王的一年时间之内征服了米兰公国。但是他的征战政策注定要与查理五世的政权产生冲突。在王朝势力和偶然因素的双重作用下，查理五世成功地将西班牙王国（1516）和罗马帝国（1519）置于自己统治之下，从而使自己成了包括哈布斯堡王朝和西班牙王国在内的无限疆域的首领，据说那是一个“太阳永不落”的帝国。这一疆域尤其令法国感觉受到威胁，因为它实际上被包围在了中间。因此弗朗索瓦一世别无选择，不得不与查理五世展开了长久、艰难，而且昂贵的征战。这场战争几乎一直持续到法国国王去世，血洒整个欧洲，也给意大利带来了严重后果。至于王室里的文化生活，身为典型的文艺复兴时期的君主，兼具深厚的人文主义背景，弗朗索瓦一世推崇文学与艺术，创办了法兰西公学院，并且召集了一群杰出人物于自己麾下，这其中就包括达·芬奇（据瓦萨里所言，达·芬奇实际上是“过世于国王的怀抱”）和本韦努托·切利尼，后者为弗朗索瓦一世设计了著名的《金盐罐》。

弗朗索瓦一世（约1525）
让·克卢埃
巴黎，卢浮宫博物馆

其他可能的原型包括弗朗卡维拉公爵夫人康斯坦茨·德·阿瓦洛斯和伊莎贝拉·德·埃斯特。其他人则认为达·芬奇所绘的并不是某个真实的人物，而只是一幅理想化的、有象征意义的画像。一个新近的说法是，画作是对贞洁（女人坐在居高临下的位置，下面是山谷）的一种寓意表达，她征服了时间（山脉向下不断延伸，最后被水吞噬）。

其他的不确定性是关于时间标注问题。传统的观点认为，《蒙娜丽莎》可追溯到1503年至1506年之间，那是画家第二次居于佛罗伦萨时期。这一论断是基于以下事实：很多学者发现年轻的拉斐尔画作中有的作品与这幅超乎寻常的作品很类似。事实上，一个完全“表象化”的《蒙娜丽莎》类型的肖像在那些年里通过达·芬奇的作品已经散布开来，其他画家争相效仿，比如出自梅洛佐·达福尔利之手的《格尔索米尼夫人》就属于这一类型。假如事实真如德·贝提斯所言，《蒙娜丽莎》是为朱利亚诺·德·美第奇而作，那么此画作应该创作得很晚，大约在1513年到1516年之间，当时达·芬奇正在罗马为这位重要人物效力。尽管在16世纪初期，画家确实可能曾与朱利亚诺不止在一个地方会面，比如说1500年在威尼斯，但是他们无疑是不可能曾在佛罗伦萨相遇的，因为美第奇家族直到1512年才回到佛罗伦萨恢复统治。

达·芬奇这幅画是在日后才完成的，这一论断最主要是通过其画作风格来确定的。巧妙地运用暗影和地质学知识，以及完美地在远景上空制造出朦胧氛围，这些绘画特征都出现于达·芬奇1510年之后的诸多习作之中。如前文曾提到的油画衣饰，黑色层层叠加的技法被用在了《圣母子与圣安妮》以及《温莎手稿》中的一些类似画作中。这些作品都是在1510年至1511年创作的。阿达河1513年的景色以及其他地方的一些景色都被大师描绘于几何研究纸张的空白处，创作时间均为1514年至1515年间。与达·芬奇的画作《蒙娜丽莎》高度相似的是作于1515年至1516年间的一幅素描，画中展示了一绺垂于眼角的鬈发打成的结；还有一幅更为相似的作品，甚至到1518年才完成，被命名为《手指远方的淑女》，画的是一位五官酷似蒙娜丽莎的女士，也穿着轻便裙装，甚至也面带微笑。画作以一堆岩石为背景，水与植物隐藏在迷雾中，她抬起一只手以象征性的姿势指向远方的某个物体。

最后，依然令观者迷惑的就是蒙娜丽莎那神秘的微笑。正如前文所提，她的微笑展现在眼睛里而不是嘴唇上。那种眼神里的热烈以及弧形的嘴唇也是卢浮宫的《施洗者圣约翰》中人物的标志性特征。这是另外一幅像《蒙娜丽莎》一样令人困惑的作品，因为观画者会反过来感觉到自己正在被凝视。

站在溪水旁的女人 | 手指远方的淑女（约 1518）
《温莎手稿》

《蒙娜丽莎》神秘莫测的微笑引发了永无休止的猜度。最近，关于萦绕在她嘴角的奇怪表情有一些异想天开的解释，包括了从哮喘病到针对梅毒而进行的汞治疗所引起的牙齿变黑，以及模特左侧的半身瘫痪等，还有解释为磨牙症的——一种令患者睡眠和紧张时咬紧牙齿的病症。然而，听起来更有依据的一种解释是这位女士怀孕了，这一点恰好与达·芬奇在1510年至1513年间所进行的胚胎研究相吻合。弗洛伊德在关于这位文艺复兴时期大师的一篇文章中推崇一个异常的假设。他认为画作里的蒙娜丽莎应该是画家对自己母亲的理想刻画。

目前还存有另外一个疑惑：现存的初稿草图里乔贡达是裸体的。据一些学者说，这画面解释了为什么《乔贡达》里的模特造型偏瘦，而瘦削也是其追随者和模仿者们所作的各种裸体乔贡达的特征。

前文已经提到，假如达·芬奇的确在身居法国期间自由地翱翔到了各个艺术领域的巅峰，那么一如往年，大师也以同样的秉性和天赋投入到了诸如节日庆典和表演之类的世俗而短暂性的活动中。早在定

赤裸的乔贡达（约
沙莱和达·芬奇

赤裸的乔贡达（约
来自达·芬奇学园
圣彼得堡
艾米塔吉博物馆

《论绘画》（达·芬奇，法国版本）插图

《乔贡达》的第一个复制品（1651）

居克卢克城堡之前，达·芬奇就以一个惊人的自动机器在法国引起了轰动。那是一个制造于佛罗伦萨的“机械狮子”，于1515年被运到了里昂，用以纪念弗朗索瓦一世加冕为法国的新国王。后来，移居法国之后，大师在1518年监管了一项令人震惊的舞台场景设计工作，这是专门用来庆祝国王到达克卢克城堡的，场景设计模仿了几年前在米兰为举办著名的天堂节而准备的背景。同一年他还在安布瓦斯为法国王太子的洗礼和洛伦佐·德·美第奇（教皇利奥十世的侄子，也是未来法国王后卡泰丽娜·德·美第奇的父亲）与弗朗索瓦一世的侄女马达莱娜·德拉·图尔·德·奥弗涅的婚宴设计了装饰布景。除此之外，一如既往，画家同时还身兼工程师和科学家的身份，继续深入实施他在米兰、佛罗伦萨和罗马所开展的研究。

端坐的老人习作（约 1513）
《温莎手稿》

在法国时，达·芬奇再次将他的注意力转向对水流和旋涡的探究。他设计了一些河道挖掘以及田地排水工程，比如挖掘索洛涅河道和罗莫朗坦周遭湿地的排水工程。就是在这一区域，将要兴建由达·芬奇为路易莎——既是昂古莱姆伯爵夫人又是萨沃依女王的母亲——设计的皇宫，于是，此时的画家又变身成了建筑师。达·芬奇为罗莫朗坦皇宫所设计的工程实际上已经启动，但因地处疟疾灾区，工作告停。因此，皇宫的选址又向北推移到了如今的香波城堡所在地。在那里，城堡的建造始于 1519 年，但工程开始于达·芬奇去世几个月之后，因此他为罗莫朗坦所设计的图纸是否或者在多大程度上得以应用已经无从知晓。城堡的布局相当简约，采用直线形设计方案，总体上令人联想到米兰城内达·芬奇所熟知的斯福尔扎城堡。然而，在这个新设计的城堡上，艺术家规划了一种“居住之城”，其中随处可见达·芬奇的建筑理念。显而易见，达·芬奇这项工程的重要性正是体现在其动态的建筑布局里，体现在这个集居住、娱乐与宗教仪式服务于一体的复合式建筑的设计草图中。而所有这些功能的实现都要依赖一套兼顾实用和美感的流水体系。或许达·芬奇已经感觉到自己时日不多，于是在 1519 年立下了遗嘱。早在 1517 年，在红衣主教路易斯·德·阿拉贡拜访达·芬奇时，德·贝提斯已经提及达·芬奇右半身偏瘫。尽管画家是左撇子，用健康的手依然可以发挥他的好手艺，但这显然是件令他

航行的寓意画（约 1512）
《温莎手稿》

弗朗索瓦一世领受列奥纳多·达·芬奇的最后的呼吸（1818）
让·奥古斯特·多米尼克·安格尔
巴黎，阿维尼翁小皇宫美术馆

痛苦的事。达·芬奇指定他的朋友兼学生弗朗西斯科·梅尔兹作为自己的遗嘱执行者，并将所有手稿和“其他各种仪器设备”遗留给他。大师要求身后将自己葬在安布瓦斯的圣·佛罗伦汀大教堂。

大师在1519年5月2日去世的那个时刻经常被人们加以想象，并描画于接下来几个世纪的画作里。其中最有名的就是安格尔依循传说而创作的画作。作品展示了达·芬奇在弗朗索瓦一世怀里咽下最后一口气的场景，画面凄美，尤其萦绕着一种浪漫情愫。

克卢克城堡
现在的克洛吕斯城堡，位于安布瓦斯
20世纪初期照片
* 达·芬奇在这里度过了他的最后岁月。

《蒙娜丽莎》失窃案

文森佐·佩鲁吉亚
*于1911年偷窃了《蒙娜丽莎》。

听起来可能会有些不可思议，但在20世纪初期，这幅世界最著名的画作被盗了。事情发生在1911年8月20日，恰逢周日。卢浮宫一如既往地挤满了游客。之后，情景就如今天一样，人们聚集在卡雷沙龙前，观看《蒙娜丽莎》，它的另一个名称是《乔贡达》。参观人群里有三位意大利人，文森佐·佩鲁吉亚和兰切洛蒂兄弟俩。佩鲁吉亚曾经以工匠的身份在博物馆工作过，被委托设计一个保护《蒙娜丽莎》的玻璃展柜。当时，很多临摹者总是在卢浮宫里工作，他们被允许定期研究和临摹博物馆里的杰出作品。画家们所用的材料会放在一个壁龛里，这样就省去了每日将材料带进带出的麻烦。也就是在这里，文森佐·佩鲁吉亚和他的同伙们藏了一个晚上。因为卢浮宫在周一是闭馆进行维修的。一早，三位盗贼从壁龛里爬出来，假扮清洁工。佩鲁吉亚伺机进入卡雷沙龙，机缘巧合，他顺利地从悬挂画作的墙上取下《蒙娜丽莎》，将其夹在胳膊下镇定自若地走出了博物馆。令人难以置信的是，直到周二下午人们才发现了画作的失踪。这似乎是天方夜谭，但在那时，画作经常会被从墙上取下来拍照或者检验，一幅作品的消失未必就意味着它被盗了。当警报声最终响起时，七十位巡视员和一百多位宪兵冲入卢浮宫。这支队伍用整整一周的时间搜索了博物馆的每一个角落，每一个楼层，每一个房间。但《蒙娜丽莎》就是不翼而飞了。尽管就在一年之前，法国博物馆馆长泰奥菲尔·霍莫尔曾经宣称："偷窃《蒙娜丽莎》？就好比有人认为可以偷盗巴黎圣母院大教堂上的尖塔一样。"然而，这的确发生了。偷窃的新闻震惊了大众，消息从各家报纸的头版传出。谁能犯下如此匪夷所思的罪行呢？馆内工作的清洁人员或工酬不足的看管人？或者甚至是卢浮宫的主管们自己？几位主管落马，有的被开除，有的被暂停职位。但《蒙娜丽莎》还是没有找到。一周后当卢浮宫再次开馆时，一大群人聚集于卢浮宫，有如前来参加葬礼。他们蜂拥而入，去卡雷沙龙观看被盗画作留下的墙面空白，墙上悬挂着某位不知名的哀悼者留下的一束鲜花。事件的反响如此强烈，以至于一些从未见过原画作的人都跑去看它被盗的位置。随后，纪念性明信片蓬勃而出，而《乔

1914 年纪念《蒙娜丽莎》返回卢浮宫的明信片。

由《蒙娜丽莎》的沧桑命运所启发的一幅讽刺画，图中达·芬奇亲自将其带回法国，途经米兰。

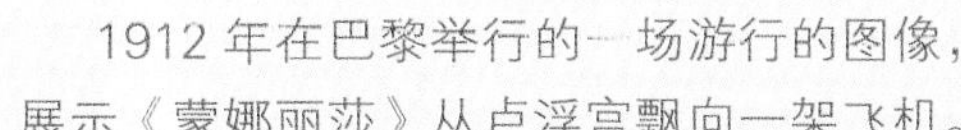

1912 年在巴黎举行的一场游行的图像，展示《蒙娜丽莎》从卢浮宫飘向一架飞机。

贡达》的丢失也引发了剧院和媒体的大量戏仿、俏皮话和插科打诨。有两年的时间，这幅著名画作都无迹可寻。但令人啼笑皆非的是，它距离卢浮宫只有几步之遥，存于文森佐·佩鲁吉亚所居住的破败逼仄的公寓里。可是佩鲁吉亚与他的同伙是奉谁之命而偷盗的呢？可笑的是，甚至毕加索和诗人阿波里奈尔都遭到了怀疑。然而，这次盗窃有可能是受一位 50 岁的阿根廷人委托的。他的名字叫爱德华多·德·瓦尔菲尔诺，在伪艺术品的买卖交易中并不是新人，他的初衷是与修复师伊夫·肖德龙合谋，以高价出售六幅高仿真的《蒙娜丽莎》。实际上，作品早在盗窃发生前就已经预售给了六位美籍买家，并说服他们相信所购作品是原作。因此，瓦尔菲尔诺对从佩鲁吉亚那儿购得真迹也就不再感兴趣了。由于这个原因，画作留在了佩鲁吉亚的手里，他决定回国后再试图卖掉它。因此，1913 年 12 月 10 日，佩鲁吉亚与一位著名的古玩家阿尔弗雷多·格里在佛罗伦萨取得联系，将他带到自己下榻酒店的一个房间后，从床下拖出一个手提箱，里边放着的就是达·芬奇的杰作。这个酒店后来更名为乔贡达酒店。三天之后，佩鲁吉亚被捕。审判中他宣称自己仅仅是出于爱国主义情结，希望将《蒙娜丽莎》带回画家的故乡。他只被判了大约一年的监禁就得以脱身。1914 年 1 月 4 日，《蒙娜丽莎》重返卢浮宫的卡雷沙龙。

达·芬奇之谜

传奇的一生

像米开朗琪罗和拉斐尔一样，达·芬奇在世时就已经是个传奇人物了。当他还在米兰服务于“摩尔人”路德维克时，宫廷诗人伯纳多·贝尔林西奥尼就记录了他在1490年为吉安·加莱亚佐·斯福尔扎与伊莎贝拉·德·阿拉贡两人的大婚而设计的服装与背景道具，以此来赞美这位多才多艺的天才。当时举行了一次著名的天堂节庆典活动，对这次以神话为主题的表演盛事，贝尔林西奥尼进行了如下描述：“有了佛罗伦萨大师列奥纳多·达·芬奇的精巧构思与艺术造诣，人们模拟了天堂的场景，7个由人扮演的行星在其周围旋转。”后来贝尔林西奥尼在其1493年出版的《韵律》一书中，在其诗文旁的注解中，再次提及达·芬奇：“就像是阿佩利斯[①]从佛罗伦萨被带到这里。”将这位托斯卡纳大师与古代具有传奇色彩的艺术家相提并论，这种比喻是最高形式的赞美，要知道这位古代艺术家能够绘制“看不见的事物”，被认为是一位出神入化的画家。

达·芬奇在同时代画家中享有盛誉的另一个佐证由班戴洛提供。班戴洛在1554年出版的一本《小说》（第一部分，第58篇）中回忆了这位伟大艺术家在圣玛利亚感恩教堂的餐厅里专注地描绘《最后的晚餐》的情景：“一些绅士……陷入沉默，凝视着这令人惊叹的、享誉全球的基督与门徒进行最后的晚餐的场景，而佛罗伦萨的优秀画家列奥纳多·达·芬奇此时正在悉心绘制这一场景。”

意大利版1欧元硬币的背面
复制自达·芬奇的画作《维特鲁威人》

① 公元前4世纪希腊宫廷画师。——译者注

怪诞画（约 1603）
彼得·保罗·鲁本斯
临摹达·芬奇作品
维也纳，阿尔贝蒂娜博物馆

随着时间的流逝，达·芬奇的声名与运势并没有随之而下降，如今这位来自芬奇镇的天才比以往任何时候都更神秘，被认为是一个谜。这种想法如此深入人心，以致人们很难感知到，甚至是完全没有察觉到，他实际上是个真实的“人”，从严格的语言文字学意义上所讲的“人”。几个世纪以来，他的形象已经分化为不同层面，呈现出与历史上真实存在的人物相去甚远的特征。比如说，有些人已经把达·芬奇当作一个“天才”,这里所说的“天才”是从这个单词的浪漫主义角度而言的。就涉猎的多样性来讲，他雄踞同时代人之首，充分彰显了个体所能达到的制高点。另外一些人则认

马赛克拼成的《最后的晚餐》（约 1806—1814）
吉亚科摩·拉法埃利
维也纳，意大利教堂

最后的晚餐（黑色/绿色，1986）
安迪·沃霍尔

为他对社会的进步具有实证主义信念，是这一信念的先驱，用他令人惊叹的发明及他作为科学家的工作规划着未来，与此同时扫除中世纪的迷信，将人们从由来已久的束缚中解放出来。还有一些人仍尊他为那个匪夷所思的受现代人追捧的偶像——蒙娜丽莎——的创造者，民众蜂拥而至，有如世俗世界的朝圣者一般，前往巴黎观看这幅名画。《乔贡达》或者称《蒙娜丽莎》实际上是达·芬奇之谜中的一个核心之谜。如今，在一个用科技复制艺术品的时代，引用本雅明的一句话：蒙娜丽莎的形象已被空前地发挥到极致，在一个已经几近疯狂的成功行业里，被一而再、再而三地复制，并被用来装饰各种东西：从海报到T恤衫，从纪念品到各种小玩意儿。

著名的发明，亦真亦假

著名的“自行车”素描（设计有误）

众所周知，达·芬奇是一位伟大的发明家，然而他所设计的机器实际上从未被真正地制造出来，或者至少可以这样说：只有一个被转化为实物的发明曾被记录在案。那是一个大约造于1510年的水表，是为佛罗伦萨的商人与人文主义者伯纳多·鲁切拉而造。在达·芬奇的设计中，有一些机器十分挑战当时人的想象力，这些机器似乎是现代社会伟大发明的前身。其中首当其冲的就是飞行器的设计。

最初，他试图制造一架“扑翼机”，他设计的这一装置复制了鸟儿扇动的双翼，利用人类肌肉的力量将其驱动。后来，通过观察风筝（当时有些风筝非常大，足够把人带离地面），他开始着手制作一台能利用空气气流的机器，有点儿像现代的滑翔机。之后他设计了具有前瞻性的空气螺旋桨，实则是现代直升机的鼻祖。有关达·芬奇的这架飞行器，至今仍流传着有关年轻的索罗亚斯特罗做出尝试但未成功的故事，他（驾着飞行器）从佛罗伦萨附近的切切瑞山顶纵身跃下，以此来测试这架飞行器。但这只是一个传说，很有可能是源自达·芬奇写的具有预言性的一句话：“巨鸟会从切切瑞山顶飞下，进行它的首次飞行，让宇宙充满惊叹，让其声名留存史册，为孕育它的这个巢穴带来永久的荣耀。”

达·芬奇的其他著名研究包括对水下呼吸装置和救生工具的探索，同时附有初步设计的潜水面具和潜水钟草图。他还画过关于潜水艇的绘图，但有关这一发明，达·芬奇本人则写道，他不希望把有关潜水艇的知识透露出去，因为这对人类存有潜在的威胁：“由于人类的邪恶本质，对此我不会公布，也不会泄露。”在《大西洋手稿》中，出现了一个由弹簧驱动的自我推进装置的草图，有三个轮子和一个方向盘（一种汽车）。在《鸟类飞行手稿》中，他描述了一个利用气囊飞行的装置，通过利用充了气的皮酒囊来保护身体，防止掉落。但是把第一辆自行车的发明归功于达·芬奇实际上是完全错误的。人们有关自行车发明的假设大都是基于一张素描画而提出的，该素描是在修复《大西洋手稿》的过程中被发现的。在佛罗伦萨著名的圣洛伦佐摊点上，就有售卖饰有“达·芬奇自行车”的纪念衬衫，从这一点上可以看出，这一信念——达·芬奇发明了自行车——已经牢牢占据人们的想象空间，对此他们深信不疑。

对飞行器的研究（约 1480）
《大西洋手稿》（1058 页，左页）

◀ **蒙娜丽莎（彩色版）**（1963）
细节图
安迪・沃霍尔

“蒙娜丽莎”热潮

达・芬奇的作品，尤其是《蒙娜丽莎》，一直以来都最为世人所瞩目，这种额外的关注自16世纪作家瓦萨里就开始了。尽管作家本人从未亲见这幅作品，但他仍旧对这幅画作进行了细致的描述，在其作品《意大利艺苑名人传》中，他甚至杜撰了本不存在的细节，如对眼影部分的描写。但是直到19世纪，《蒙娜丽莎》的知名度才随着一股真正的“达・芬奇热潮”达到巅峰。与此同时，拿破仑在1800年把这幅《丽莎夫人》（他喜欢这样称呼这幅画）挂在了他杜伊勒里宫卧室的墙壁上。1804年，画作被移至卢浮宫，由此其声名也获得了绝对的官方认可，不仅仅是因为这样更多的人能够一睹其风采，也是因为笼罩于画作本身的神秘而暧昧的光环，其雌雄同体的本质特征，使其必然在浪漫主义时期及随之而来的衰落期能够大放异彩。尽管像柯罗（《珍珠女郎》的画者）这样的艺术家，确实是直接从达・芬奇这位模特身上汲取了灵感，但是在文艺界，《蒙娜丽莎》却基本上变成了一个神话，推波助澜者包括作家斯温伯恩、沃尔特・佩特、奥斯卡・王尔德，还包括泰奥菲尔・戈蒂耶、乔治・桑德、约瑟芬・佩拉当、让・洛林和儒勒・拉福格等。加布里埃莱・邓南遮（其作品包括《岩间圣母》和《没有天鹅的利达》等）甚至还于1898年写了一部悲剧，命名为《乔贡达》。此外，邓南遮还将其题献给“拥有美丽双手的爱莲诺

绘制《乔贡达》的达・芬奇（1845）
艾美・布伦－佩奇斯
巴黎，国家图书馆

弗洛伊德与达·芬奇

甚至连西格蒙德·弗洛伊德对达·芬奇也很着迷。1910年，这位精神分析法的创建者写了一篇文章敬献给这位伟大的艺术家，在该文中，他追溯了一幅颇有争议但其意义不容置疑的肖像画。下面这段简短文字摘录于其中一个章节，在这一章节中，弗洛伊德阐释了达·芬奇成年之后的一些行为以及他的心理状态，这些都是他童年时期与父亲之间关系的反映。

"但是他（达·芬奇）宣称应该藐视权威，摒弃对'古人'的效仿。他坚信对大自然的探索是所有真理的源泉。当他睁开双眼惊讶地打量世界时，这个信念就已经深植于其内心。人类被赋予了一种将信念升华[①]的能力，即把具体的个人经验转换成抽象的科学概念。由此达·芬奇的这个信念被升华到最高形式，以重复他在孩童时期的信念。古人及权威只是代表他的父亲，同样地，大自然则代表了滋养抚育他的温柔而慈爱的母亲。"[②]（本段选自西格蒙德·弗洛伊德的《列奥纳多·达·芬奇的童年记忆》，选自《作品集》，都灵，1974，第6卷，207—285页。）

---

① 升华（sublimation）是指一个人将受挫后的心理压抑向符合社会规范的、具有建设性意义的方向抒发的心理反应。这里弗洛伊德是指达·芬奇将孩童时对父亲的反叛升华为对权威的藐视，而将对母亲的爱升华为对大自然的爱。——译者注

② 意大利语原文："Ma quel suo [di Leonardo] insegnare a spregiare l'autorità e a respingere l'imitazione degli "antichi", quel suo non stancarsidi indicare nello studio della natura la fonte di ogni verità, ripetevano soltanto, nella forma più alta di sublimazione che sia concessa all'uomo, la convinzione che già urgeva in lui bambino, quando con stupore aveva aperto gli occhi sul mondo. Ritradotti dall'astrazione scientifica nella concreta esperienza individuale, gli antichi e l'autorità corrispondevano unicamente al padre, e la natura ridiventava la tenera madre benigna che l'aveva nutrito."

珍珠女郎（1868—1870）
让·巴蒂斯特·卡米耶·柯罗
巴黎，卢浮宫博物馆

她的屁股着火了（1919）
马歇尔·杜尚

马格里特·丽莎（1974）
特瑞·帕斯托尔

一个模子里出来的（1974）
彻斯特·布朗顿

拉·杜丝[1]”，这些话语强调了这位“非凡”女演员身上所具有的达·芬奇作品所展示的鲜明特性。甚至“畅销”小说家儒勒·凡尔纳都于1874年完成了一部名为《蒙娜丽莎》的剧作，这也为这幅画作所拥有的盛名提供了另一项佐证。

尽管《蒙娜丽莎》一直以来都被当成偶像顶礼膜拜，这固然是事实，但与此同时，另一个不争的事实却是，正如任何被过分宠溺的物品一样，它一直以来也同样遭人斥责。20世纪先锋派的反偶像崇拜怒潮强力爆发，对这一受到狂热追捧的形象进行公然挑衅变成了当时的艺术特征。未来派画家憎恶她。1914年，阿尔登戈·索菲奇如是写道：“我在一面墙上看到在蓝色背景下白笔写下的大字：乔贡达肖像画，意大利泻药（Gioconda Italian Laxative Water）。字的下面就是蒙娜丽莎病态而甜美的脸颊。终于！最后甚至连我们都开始写出这样的艺术评论了。”与此同时，卡拉则称这幅画散发出“恶臭”之气。亵渎性的形象开始出现。1914年，马勒维奇用两条相互交叉的斜线将蒙娜丽莎的脸“抹杀”。而在1919年，杜尚[2]画了一幅有胡子的蒙娜丽莎画作，为达·芬奇这幅巨作所有日后被恶搞的蒙娜丽莎形象树立了一个典范。甚至，这位“现成品”的发明者给自己的“再创作”贴上了离谱的标签，“L.H.O.O.Q.”，用法语朗读这些字母，发音宛如“Elle

蒙娜丽莎和钥匙（1930）
费尔南德·莱热
比奥特，费尔南德·莱热博物馆

---

① 爱莲诺拉·杜丝（1859—1924），意大利戏剧女演员，参演过邓南遮的一系列戏剧。——译者注

② 马塞尔·杜尚（1887—1968），1912年后反对传统的艺术观，开始从事“现成品”艺术创作，即艺术家从原有的东西上得到灵感，然后对其进行加工或者改变，使之呈现出某种新意。——译者注

蒙娜丽莎鼠（1977）
丽塔·格利尔

a Chaud au cul"，意思是"她的屁股着火了"。杜尚的这种公然挑衅被后继者争相效仿，几乎所有的作品都表现出对原作的藐视，或者至少也把《蒙娜丽莎》当作艺术上反传统的靶子加以抨击。这些作品包括达利所作的《乔贡达》，他也用胡子做点缀，只是这次这位西班牙画家所画的胡子却与其本人的胡子一样；也包括莱热的《蒙娜丽莎和钥匙》，还包括马格利特的"缺席的"雕塑（1967），甚至还包括比较近期的画家安迪·沃霍尔的作品《多个乔贡达》和《被处理过的乔贡达》，以及其他不计其数的翻版作品。

达·芬奇的另外一件作品《最后的晚餐》声名远播，流传至今，它与《蒙娜丽莎》同样有名，同样让大家顶礼膜拜，但也同样惨遭大家恶搞（正如安迪·沃霍尔"再创"的众多《最后的晚餐》），尽管它似乎没有《蒙娜丽莎》被恶搞的次数多。达·芬奇的另外一幅广为流传并且经常被人临摹及"重新制作"的作品为《维特鲁威人》，完成于1490年。马里奥·切罗利正是从此画中汲取灵感，制作了一尊雕塑，竖立于芬奇镇的达·芬奇博物馆前面的广场上，也同样是这幅画被印在了新的欧洲货币——欧元的背面。

为了清晰无误地将"达·芬奇热潮"记录在案，达·芬奇主义档案馆于1972年在芬奇镇成立。自1993年以来，它成了达·芬奇理想博物馆的一部分。通过各种展览与手工艺品，达·芬奇理想博物馆向大家证明达·芬奇这一人物的不朽生命力。

蒙娜大猩猩（1971）
海报
瑞克·迈耶罗维茨

电视电影《列奥纳多·达·芬奇的一生》（1971）剧照

达·芬奇的扮演者菲利普·雷罗伊
此片导演为雷纳托·卡斯特拉尼

影视作品中的达·芬奇

达·芬奇的神话不仅仅在艺术和文学领域被歌颂，也在电影界被颂扬。对这位兼收并蓄的文艺复兴艺术家，电影界最近已经改变了对其关注的焦点，重点主要放在了其人物本身上，关注其作为人的一面，这一点在一部成功的电视电影中一览无余，电影的名字是《列奥纳多·达·芬奇的一生》，1971年出品，由雷纳托·卡斯特拉尼导演，是一部描写达·芬奇传奇人生的电影。电影故事的关键情节是一些展现达·芬奇如何泰然自若地面对死亡的情节，比如1478年的帕齐阴谋之后，在他描绘其中一个受绞刑而死的人时，或者是当他在佛罗伦萨的新圣母玛利亚教堂解剖尸体时，都镇定自如。这些是堪称经典的情节，导演通过这些情节意在表现一种强大的动力，正是这种动力驱使这位伟大的艺术家对知识如饥似渴，超越一切道德顾忌。这让我们想起了弗洛伊德曾写过的一篇关于达·芬奇的文章，这位维也纳的心理分析家在其中一段文字中这样写道：这位艺术家——正如一个早期的和平主义者和动物权利鼓吹者一样——“对所有人都彬彬有礼而又仁慈亲善；他似乎拒绝吃肉，因为他认为剥夺动物的权利是不公平的，放飞从市场中买回的鸟儿为他带来纯粹的快乐。他谴责战争与杀戮并且宣称与其把人类称作‘动物之王’不如称之为‘百兽之首’”。弗洛伊德还继续写道：“但是，这种妇人之仁却没有阻止他陪同那些被处以死刑的罪犯前往处决地点，目的是研究他们脸上痛苦扭曲的表情，并在他的笔记本上将其描绘。这也没有阻止他设计最残暴而具有进攻性的武器，并追随恺撒·博尔吉亚展示其作为一个超级军事工程师的才能。通常他似乎对善与恶都漠然视之。”达·芬奇现身的另外一部电影是由罗伯托·贝尼尼与马西莫·特罗西主演的《眼泪不再》（1984）。

电影《颠覆者》（1967）剧照

达・芬奇的扮演者菲多・夏里亚宾
此片导演为塔维安尼兄弟

电视电影《达・芬奇的一生》（1971）剧照

达・芬奇、“摩尔人”路德维克与奇利娅・加莱拉尼
此片导演为雷纳托・卡斯特拉尼

小说中的达·芬奇

《诸神的复活:列奥纳多·达·芬奇》是由俄国作家德米特里·谢尔盖耶维奇·梅列日科夫斯基写的一部小说，出版于1901年。这部作品是名为“基督与反基督”三部曲中的一部，每一部都描述了一个历史名人的生活。达·芬奇，这位文艺复兴时期的伟大艺术家，是这三部曲中第二部的主人公，其中的第一部则是描写那个症结百出的罗马皇帝，书名为《诸神之死：叛教者尤里安》(1896)，最后一部的主角是沙皇彼得大帝，书名为《反基督:彼得和阿列克塞》(1905)。在关于达·芬奇的这部作品中，梅列日科夫斯基追溯了这位卓然出群的艺术家丰富多彩的一生，真实的历史与虚幻的想象相互交织，对这位传奇人物在生活与工作中出现的最有意义的时刻做了惟妙惟肖的刻画。在书中许多令人激动的篇章段落中有一段令人记忆深刻，出现在“乔万·安东尼奥·博尔特拉菲奥的日记”章节中，作者在此假借达·芬奇最为知名的一个学生之口，报告他在达·芬奇身边时的个人体验。这一幕发生在米兰，达·芬奇正在绘制他的《最后的晚餐》:“我观察他是如何绘制《最后的晚餐》的。清晨，太阳刚刚升起时，他就出门到修道院了。他待在那儿画上一整天，直到将近日落时分，甚至忘记了吃饭。然而有时候他却有整整几周的时间都不去动画笔，但每天都有那么两三个小时，他站在画作前，检视它，揣摩它，对其进行深入的思考。有时候，在正午时分，他会突然放下手中其他的工作，几乎是一路奔跑在无人的街道上，不顾太阳的暴晒，径直去往修道院，像是受到了神秘而无法抗拒的力量的驱使。到了修道院后,他登上脚手架,抓起画刷，急速地画上两三下就回家了。在最后的几天里，大师一直忙于画使徒约翰的头像。他说他想今天完成这幅画作，但令我大为惊奇的是，他根本就没有离家半步，而是从清晨开始，就一直忙于……观察小黄蜂、大黄蜂和苍蝇是如何飞行的。他完全投入到观察其身体和翅膀的构造中，你会认为整个宇宙的命运皆系于此。当他发现苍蝇是用其后腿作为方向舵来改变方向时，简直进入了极乐世界。在他看来，这一发现对其制造飞行器意义重大，很可能是这样吧，但令人伤心的是使徒约翰的头像今天又无法完成了，因为大师更喜欢观察苍蝇腿儿。”[①]（节选自D.S.梅列日科夫斯基的《诸神的复活：列奥纳多·达·芬奇》，君提出版社，佛罗伦萨，1998）。2003年，美国作家丹·布朗出版了《达·芬奇密码》。这本书迅速成为破纪录的世界畅销书并于2006年被翻拍成电影。小说遭到评论界毫不留情的批评，而且由于其不计其数的历史错误和蕴含的对基督教与罗马教会的颠覆性影射而遭到了天主教的强烈谴责。在这本书里，达·芬奇的几幅画作（《最后的晚餐》《岩间圣母》《蒙娜丽莎》）均被提及。作者巧妙地将画作与情节的展开和小说的主旨交织在一起，使其在小说中起到了关键性的作用。尤其是《最后的晚餐》，丹·布朗大胆地挑战了官方历史学家的看法，他宣称根据伪《腓立比书》所记载，使徒约翰实际上是抹大拉玛利亚：她不仅仅是痛改前非的罪人，恳请并获得了耶稣的赦免，而且她实际上是耶稣的妻子。

---

① 意大利原文："Osservo come lavora attorno alla Santa Cena. Alla mattina presto, appena sorto il sole, esce di casa e se ne va al convento; per tutta la giornata, fin quasi al crepuscolo, rimane a dipingere, dimenticandosi persino di mangiare. Qualche volta invece passano intere settimane senza che si decida a riprendere i pennelli. Però ogni giorno per due o tre ore se ne rimane ritto davanti al dipinto, a esaminare, soppesare e meditare il lavoro compiuto. Talvolta, in pieno mezzogiorno, interrompe bruscamente un lavoro cominciato, per precipitarsi al convento, correndo quasi per le vie deserte senza neppur ripararsi all'ombra dal sole cocente, come spinto da una strana irresistibile forza; e giunto al convento sale sull'impalcatura, afferra i pennelli, dà due o tre rapidi tocchi al quadro e se ne ritorna rapidamente a casa. In questi ultimi giorni il maestro ha lavorato alla testa dell'apostolo Giovanni. Voleva, a quanto ha detto, finirla proprio oggi; invece con mio grandissimo stupore, non si è mosso da casa e fin dal mattino si è messo [...] a osservare il volo dei calabroni, delle vespe e delle mosche. È talmente immerse nello studio della struttura dei loro corpi e delle loro ali, che si direbbe ne dipendano le sorti dell'universo. Ha toccata le vette della felicità avendo scoperto che le zampette posteriori delle mosche servono anch'esse da timone di direzione: a suo parere, tale scoperta è enormemente preziosa e utile alla costruzione della sua macchina per volare. Può darsi benissimo, ma è tuttavia spiacevole pensare che la testa dell'apostolo Giovanni sia rimasta incompiuta anche oggi, per l'osservazione delle zampette delle mosche."

电影《维莉迪安娜》（1961）中“最后的晚餐”剧照

此片导演为路易斯·布努埃尔

电影《爱的传奇》（1998）剧照

达·芬奇（帕特里克·戈弗雷）与仙蒂瑞拉（德鲁·巴里摩尔）

此片导演为安迪·坦南特

在之前的作品里，重点被主要放在了达·芬奇的科学家与发明者身份上，这是几个世纪以来这位大师最为知名和受人尊敬的另一身份。然而在《眼泪不再》这部电影里，基调却完全是讽刺性的。电影中的主角出于某种特殊的原因回到了1492年（在历史中的这一年，达·芬奇在米兰宫廷为“摩尔人”服务），并遇到了艺术家。艺术家的容貌正如那幅知名的（假定是知名吧）都灵《自画像》里的样子一样，这一形象现在已经广为人知了。达·芬奇站在河岸上，显然正忙于他的一项发明，是一个水利机器，我们后来看到他画下来的那些素描画中，其中一幅与此相似。在一次令人忍俊不禁的恶作剧中，两位主角试图利用这次与伟大艺术家邂逅的绝佳机会，希望借助发明家的一臂之力来建造一些面向未来的机器，以期获得财富与荣耀。他们首先尝试着向达·芬奇解释火车的功用，之后又解释了温度计的功能，但都徒劳无功，达·芬奇对这一切都困惑不解，一窍不通，两人对达·芬奇大失所望，无功而返，很生气自己居然相信这么个历史名人，显然他在历史长河中被高估了。但是后来大师在这两位“来自未来”的朋友含糊不清的指点下，成功制造了一辆蒸汽式火车，当他驾驶着这列蒸汽式火车出现时，两位主角最终相信了达·芬奇的天赋。

这个傻里傻气的达·芬奇身上集合了所有与这位名人相关的陈词滥调的故事。在人类历史长河中，作为一个复杂而迷人的人物，他是那些始终萦绕于其身上的谜团的最终明证。

◀ 电影《最后的晚餐》（1950）剧照

布鲁诺·巴尔纳贝扮演达·芬奇

此片导演为路易吉·贾基诺

年表

年份	达·芬奇生平大事记	历史同期大事记
1452	达·芬奇于4月15日出生于芬奇小镇，为公证员瑟·皮耶罗·迪·安东尼奥·达·芬奇的非婚生儿子。	在阿雷佐的圣弗朗西斯科教堂，皮耶罗开始了一组壁画的创作，名为《真十字架的传说》。
1454	/	《洛迪和平协议》造就了意大利政治的一段稳定时期。
1469	达·芬奇被认定在这一年进入韦罗基奥的工作坊。	/
1472	达·芬奇成为佛罗伦萨画家协会圣卢卡公会的会员。他的最初作品自此开始：为节日和马上格斗赛事设计服装及场景，为挂毯设计草图（遗失），并创作了一些没有明确时间的画作。	/
1473	达·芬奇画了《阿诺河风光》（佛罗伦萨，乌菲齐美术馆，素描和版画展室，时间标注为8月5日）。	/
1476	达·芬奇被控告与他人犯有鸡奸罪，最后被无罪释放。	在米兰，加莱亚佐·玛利亚·斯福尔扎在一次阴谋中被暗杀；他的儿子吉安·加莱亚佐继承了王位；当时该城实际由西莫内塔所掌管。
1478	达·芬奇受命为领主的圣贝尔纳多教堂画祭坛画。据他所言，已经完成两幅圣母像，其中一幅被确定为就是现在的《柏诺瓦的圣母》。	由教皇西斯都四世所酝酿的帕齐阴谋失败。朱利亚诺·德·美第奇遭到谋杀，但是他的兄弟“豪华者”洛伦佐的权威得以巩固。
1480	依据亚诺尼莫·卡迪亚诺的记载，达·芬奇为洛伦佐·德·美第奇效力。	路德维克·斯福尔扎杀害了西莫内塔，囚禁了侄子，非法成为米兰大公。
1481	达·芬奇签订了创作《三博士来朝》的合同。	/
1482	达·芬奇移居米兰，《三博士来朝》成为未竟之作。	/
1483	在米兰他同埃万杰利斯塔·德·普雷迪斯和安布洛乔·德·普雷迪斯兄弟俩共同签订了《岩间圣母》的创作合同。	拉斐尔在乌尔比诺出生。
1487	他获得米兰大教堂的灯笼式天窗项目的付款。	/
1489	达·芬奇为吉安·加莱亚佐·斯福尔扎和伊莎贝拉·德·阿拉贡的婚礼的庆祝活动设计场景。同年，开始准备巨型骑马雕塑以纪念弗朗西斯科·斯福尔扎。	/
1492	斯基泰人和鞑靼人的游行队伍要出席“摩尔人”路德维克和贝亚特丽斯·德·埃斯特的婚礼。达·芬奇为其设计服装。	洛伦佐·德·美第奇在佛罗伦萨去世。《洛迪和平协议》所约束的同盟国开始解体。
1494	着手开垦公爵在维杰瓦诺附近庄园的土地。	法国国王查理八世与“摩尔人”路德维克结盟入侵意大利，宣称那不勒斯王国为自己所辖。
1495	达·芬奇开始《最后的晚餐》和斯福尔扎城堡的装饰工作，他被称为大公的工程师。	/
1497	米兰大公敦促艺术家完成《最后的晚餐》，画作可能正是于本年底完成的。	/

年份	达·芬奇生平大事记	历史同期大事记
1498	达·芬奇完成斯福尔扎城堡中天轴厅的装饰。	波拉伊奥罗在罗马逝世。米开朗琪罗受委托为圣彼得大教堂制作雕塑《哀悼基督》。在佛罗伦萨，萨伏那罗拉在火刑柱上被烧死。
1499	达·芬奇和卢卡·帕乔利离开米兰。在瓦普里奥停留，住在梅尔兹家里。去往威尼斯，途经曼托瓦时画了两幅伊莎贝拉·德·埃斯特的肖像画。	卢卡·西诺雷利开始为奥尔维耶托大教堂的圣布里奇奥教堂绘制湿壁画。米兰被法国国王路易十二攻占。
1500	达·芬奇于3月到达威尼斯，回到佛罗伦萨，居于圣母领报大教堂的圣母玛利亚会修道院。	在佛罗伦萨，皮耶罗·迪·科西莫绘制《原始人故事集》。
1502	达·芬奇为恺撒·博尔吉亚效力，担任建筑师和总工程师，在挺进罗马涅的军事行动中相伴博尔吉亚左右。	在罗马，布拉曼特开始在蒙托里奥修建圣彼得神庙。
1503	达·芬奇返回佛罗伦萨。根据瓦萨里的记录，在比萨遭围困时，他设计工程，意欲更改阿诺河河道。受政府委托开始创作《安吉里之战》。	/
1504	继续绘制《安吉里之战》。被任命为委员会成员，决定在哪里放置米开朗琪罗的《大卫》。对《利达》进行初步试画。	米开朗琪罗完成了佛罗伦萨共和国3年前委托于他的《大卫》。拉斐尔绘制《圣母的婚礼》，之后移居佛罗伦萨，在那里受到达·芬奇作品的影响。
1506	达·芬奇离开佛罗伦萨去往米兰，承诺3个月返回，但在米兰停留的时间超过了3个月。	/
1508	达·芬奇在佛罗伦萨停留，随后返回米兰。	在罗马，米开朗琪罗开始为西斯廷教堂穹顶的天花板绘制湿壁画。在威尼斯乔尔乔涅和提香为德国商馆作湿壁画。
1509	对伦巴第的山谷进行地质研究。	拉斐尔在罗马，开始装饰拉斐尔画室。
1510	在帕维亚大学，与马肯托尼欧·德拉·托尔医生研究解剖学。	/
1512	/	米开朗琪罗完成西斯廷教堂天花板湿壁画的绘制。斯福尔扎家族返回米兰。
1513	达·芬奇离开米兰去往罗马，在朱利亚诺·德·美第奇的庇护下，居住在梵蒂冈宫的绘画馆。在该市居住3年，从事数学、科学研究，为蓬蒂湿地沼泽和奇维塔韦基亚港设计排水系统。	尤里乌斯二世去世。王位由乔凡尼·德·美第奇（利奥十世）继承。在佛罗伦萨，安德烈亚·德尔·萨尔托开始绘制《圣母的故事》湿壁画。
1517	达·芬奇移居安布瓦斯，进入法国国王弗朗索瓦一世的宫廷。1月中旬与国王参观罗莫朗坦，并规划新皇宫，为索洛涅地区设计运河系统。	在罗马，拉斐尔和助手们在梵蒂冈法尔奈希纳别墅绘制凉廊壁画。
1518	达·芬奇参加王太子的洗礼和洛伦佐·德·美第奇与国王侄女婚礼的庆祝活动。	/
1519	4月23日，达·芬奇写下遗嘱。执行人是他的朋友——画家弗朗西斯科·梅尔兹。他于5月2日辞世，8月12日的死亡证书中，他被描述为“高贵的米兰人，国王的首席画家、工程师和建筑师，国家机械师”。	哈布斯堡王朝的查理五世当选为神圣罗马帝国的皇帝；法国和神圣罗马帝国公然发生冲突。在帕尔马，柯勒乔在圣保罗修道院绘制壁画《女修道院院长的房间》。

索引

列奥纳多·达·芬奇作品索引

画作和雕塑：

习作：

手稿：

藏品：

模型：

其他人名及作品索引

A

Bibliography

Works of general nature: The enormous bibliography on Leonardo has been collected in the twenty volumes of the *Raccolta Vinciana* (Milan 1905-1964) and in the *Bibliografia Vinciana*, edited by E. Verga (Bologna 1931), supplemented with an article by Ludwig H. Heydenreich in the "Zeitschrift für bildende Kunst", 1935. Still in the bibliographical field, more recent is the contribution of A. Lorenzi and P. Marani with the *Bibliografia Vinciana 1964-1979* (1979-1982). To Leonardo the architect, L. H. Heydenreich has dedicated a large part of his studies. More recent is the *Leonardo Architetto* by C. Pedretti (Milan 1988). For an overview of Florentine art at the time of Leonardo, see A. Chastel, *Arte e Umanesimo a Firenze al tempo di Lorenzo il Magnifico. Studi sul Rinascimento e sull'Umanesimo platonico* (it. trad. Turin 1964); VV. AA., *Leonardo. La pittura*, Florence 1985; P Marani, *Il Cenacolo di Leonardo*, Milan 1986; P. Marani, *Leonardo. Catalogo completo dei dipinti*, Florence 1989, J. Shell, *Leonardo*, London-Paris 1992; M. Cianchi, *Leonardo*, Florence 1996; W. AA., *Leonardo. Il Cenacolo*, Milan 1999; C. Pedretti, *Leonardo. Le macchine*, Florence 1999; W. AA., *Leonardo. Arte e scienza*, Florence 2000. For publications of popular nature, but of high level, see the numerous articles (by authors such as come Pedretti, Chastel, Galluzzi) dedicated to the artist by the review "Art e Dossier".

Studies on the codices: Useful compendiums cataloguing the contents and dates of the individual codices and the manuscript folios dispersed in various collections are found in the two-volume anthology by J.-P. Richter, *The Literary Works of Leonardo da Vinci*, London 1883 and Oxford 1939, updated by another two volumes by C. Pedretti, *Commentary*, Oxford 1977. Specialized studies on the codices include that of G. Calvi, *I manoscritti di Leonardo da Vinci dal punto di vista cronologico, storico e biografico*, Bologna 1925, while the often adventurous aspects of their history have been described by several scholars on various occasions, especially in the introductions to the facsimile editions, for which reference should be made to the above-mentioned bibliography by Verga. A contextual view of the vicissitudes and the nature of the codices is given in the fundamentally important contribution of A. Marinoni, *I manoscritti di Leonardo da Vinci e le loro edizioni*, in *Leonardo. Saggi e ricerche*, Rome 1954, pp. 229-263. Marinoni is also responsible for the monumental edition of the *Codex Atlanticus*, of the French manuscripts and of other codices published in facsimile by Giunti of Florence within the context of the program for the *National Edition of Leonardo's works.* Two major contributions from abroad have been made by the Elmer Belt Library of Vinciana at the University of California di Los Angeles: E. Belt-K. T. Steinitz, *Manuscripts of Leonardo da Vinci. Their History, with a Description of the Manuscript Editions in Facsimile*, Los Angeles 1948 and K. T. Steinitz, *Bibliography of Leonardo da Vinci's Treatise on Painting*, Copenhagen 1958. The codices which contain studies on architecture (and thus almost all of them) are reviewed in a book by C. Pedretti, *Leonardo da Vinci. The Royal Palace at Romorantin*, Cambridge (Mass. 1972, pp. 138-147. The first document on the dispersion of Leonardo's papers kept in the 16th century at the Villa Melzi at Vaprio d'Adda appears in the *Memorie di don Ambrogio Mazenta* published in a critical edition and with facsimile by L. Gramatica in 1919. For the history of the manuscripts before their dispersion, and thus containing hitherto unknown aspects of the diffusion of Leonardo's ideas, reference should be made to the edition by C. Pedretti and C. Vecce of the *Libro di Pittura* compiled on the basis of Leonardo's manuscripts by his pupil and heir Francesco Melzi, published for the first time in facsimile within the context of the Vincian program of the Giunti publishing house (1995).

On the drawings: The first study of Leonardo's drawings with annotated catalogue was made by B. Berenson, *The Drawings of the Florentine Painters*, London 1906, extended and revised in the subsequent editions of (1938) and in that of Milan (1961). Fundamentally important are the studies of A. E. Popp, Leonardo Zeichnungen (1928), reassumed by K. Clark in his catalogue of the Windsor Collection, published at Cambridge (1935), revised and extended with the assistance of C. Pedretti (London 1968-1969). Clark also had the idea for a catalogue of all of Leonardo's drawings, realized by A. E. Popham, *The Drawings of Leonardo da Vinci*, London 1946. Starting from 1957 are the contributions of C. Pedretti: *Leonardo da Vinci. Fragments at Windsor Castle from the "Codex Atlanticus"*, London 1957; the catalogue of the folios in the *Codex Atlanticus* after its restoration (Florence and New York 1978-1979), and the facsimile edition of the Windsor Collection, of which the following had already been published: the corpus of the *Anatomical Studies* (1978-1979), that of the *Studies on Nature* (1982) and the *Studies of Horses* (1984), in a program carried out for the Italian edition by Giunti, which has also published the series of catalogues of exhibitions of the Windsor Collection edited by C. Pedretti. Specific to the *Last Supper* is the catalogue *Studi per il Cenacolo dalla Biblioteca Reale nel Castello di Windsor*, edited by C. Pedretti, Milan 1983. To these works has now been added the series edited by the same author containing facsimiles of Leonardo's dispersed drawings and those of his school now in various collections. Those of Florence and Turin have already been published (Florence 1984 and 1990).
Special problems in the study of the drawings are frequently discussed in periodicals such as the "Raccolta Vinciana" and the "Achademia Leonardi Vinci".

PHOTOGRAPHS
Giunti Archives/ Foto Rabatti & Domingie: 2, 52, 54, 56, 60a, 61, 62-63, 64, 65, 66, 91, 115, 123a; Giunti Archives/Massimo Borchi: 9c, 11; Archivio Storico del Cinema/AFE: 149a, 152, 153; By permission of the Ministero per i Beni e le Attività Culturali: 84, 85, 86, 87; Archivi Alinari: 69, 123b; Massimo Borchi/Atlantide: 12a, 14a; Guido Cozzi/Atlantide: 12b; John Haseltine/Corbis: 8; Robert Holmes/Corbis: 136; Erich Lessing/Contrasto: 89b; Antonio Quattrone, Florence: 51b, 76, 77, 103, 117; Rabatti & Domingie, Florence: 88. Leonardo's drawings are taken from the Edizione Nazionale dei Manoscritti e dei disegni di Leonardo da Vinci, Giunti Editore. Photographs not listed here are from the Giunti Archives. Works found the Italian State Galleries are reproduced by permission of the Ministero per i Beni e le Attività Culturali.
The publisher is prepared to meet all copyright obligations pertinent to photographs whose sources could not be ascertained.

图书在版编目（CIP）数据
达·芬奇 /（意）恩里卡·克里斯皮诺著；田丽娟，张惠，邢延娟译．—南京：译林出版社，2018.1
书名原文：Leonardo
ISBN 978-7-5447-7122-1

Ⅰ.①达… Ⅱ.①恩… ②田… ③张… ④邢… Ⅲ.①达·芬奇（Leonardo, da Vinci 1452-1519）－传记 Ⅳ.①K835.465.72

中国版本图书馆 CIP 数据核字（2017）第 247503 号

著作权合同登记号　图字：10-2017-298 号

达·芬奇〔意大利〕恩里卡·克里斯皮诺／著　田丽娟　张惠　邢延娟／译

责任编辑　韩继坤
特约编辑　郭　梅
装帧设计　Metis 灵动视线
校　　对　肖飞燕
责任印制　贺　伟

原文出版　GIUNTI，2007
出版发行　译林出版社
地　　址　南京市湖南路 1 号 A 楼
邮　　箱　yilin@yilin.com
网　　址　www.yilin.com
市场热线　010-85376701
排　　版　文明娟
印　　刷　北京旭丰源印刷技术有限公司
开　　本　787 毫米 ×1092 毫米　1/16
印　　张　10.25
版　　次　2018 年 1 月第 1 版　2018 年 1 月第 1 次印刷
书　　号　ISBN 978-7-5447-7122-1
定　　价　79.80 元